国家自然科学基金面上项目71471119

函数型数据分析的
金融应用与实证分析

Functional Data Analysis

in Financial Application and Empirical Study

隋钰冰◎著

中国书籍出版社
China Book Press

图书在版编目（CIP）数据

函数型数据分析的金融应用与实证分析 / 隋钰冰著.
—北京：中国书籍出版社，2017.3

ISBN 978-7-5068-6076-5

Ⅰ.①函… Ⅱ.①隋… Ⅲ.①数理统计—应用—金融市场—研究 Ⅳ.
①F830.9

中国版本图书馆 CIP 数据核字（2017）第 032910 号

函数型数据分析的金融应用与实证分析

隋钰冰　著

责任编辑	刘　娜	
责任印刷	孙马飞　马　艺	
封面设计	田新培	
出版发行	中国书籍出版社	
地　　址	北京市丰台区三路居路 97 号（邮编：100073）	
电　　话	（010）52257143（总编室）　　　（010）52257153（发行部）	
电子邮箱	chinabp@vip.sina.com	
经　　销	全国新华书店	
印　　刷	北京市媛明印刷厂	
开　　本	170 毫米 × 240 毫米　　　1/16	
字　　数	124 千字	
印　　张	11.75	
版　　次	2017 年 3 月第 1 版　　　2017 年 3 月第 1 次印刷	
书　　号	ISBN 978-7-5068-6076-5	
定　　价	38.00 元	

目　录

第1章　导论

1.1　研究背景和意义

金融是现代经济活动最为活跃和最重要的组成部分，伴随经济全球化和金融一体化的进程，金融更加广泛而深入地渗透到社会经济活动的方方面面。同时，金融也是创新意识最为重要的领域。金融活动的实践、理论与方法相互推动，表现出惊人的发展速度并取得了大量突破性的发展成果。对金融市场的复杂行为进行合理的计量和统计，建立观测市场变化的有效指标和手段，是对金融市场进行研究的重要领域。

从市场运行角度而言，近年来金融市场飞速发展，金融市场的运行呈现出复杂化特征，不断拓展认识和理解金融市场的视角，尝试利用新的思维方式和分析工具来研究金融问题，是一项与时俱进、具有挑战性和实践意义深刻的工作。首先，了解金融市场运行的现状、方式和现象需要用合理的数据分析工具，将经济现象得以客观、充分而准确地呈现。其次，探索金融市场运行的规律，需要理论和分析工具的高度融合。再次，利用已有的认知保障金融市场的健康发展、维护金融稳定是政府、企业和社会共同面临的挑战和任务。

　　从风险防范角度而言，金融风险管理对于现代社会具有重要意义，也是金融学研究的一个重要领域。随着全球经济一体化以及各国金融市场国际化程度不断加强，国际、国内金融市场波动增大、关联性增强，同时，金融资产的风险结构变得愈加复杂。2008 年新一轮的金融危机蔓延全球，金融风险的重要性也因此得到重新认识。而 2015 年中国股票市场经历的剧烈震荡再次警示金融风险的重要影响。无论对于金融市场的参与者还是监管者，理解金融资产价格变化的特征、充分认识金融市场存在的风险、从而展开有效的风险管理具有重要意义。对风险进行准确测度是金融风险管理的关键环节。有效进行金融风险管理从而防范和规避金融风险的重要前提，是合理地测度风险。合理测度风险不仅要求准确衡量风险水平、刻画风险特征，还要求对风险具有一定的预测能力。

　　此外，由于通信和计算机技术使高频数据得到普遍使用，基于高频数据分析的高频交易也快速发展。金融市场的数据分析在实现了从低频数据分析向高频数据的跨越后，进一步发展到超高频数据的应用阶段。超高频数据与基于超高频数据的高频交易使金融资产价格形成的机制发生了显著变化。当前，高维大型金融数据成为现代金融市场的重要信息，在金融市场信息传播迅速、交易高频化的背景下，传统分析方法不断受到挑战。探索如何有效利用高频金融数据对金融资产的价格特征进行描述、如何对金融风险进行准确的衡量、如何基于高维大型数据对金融市场的风险进行合理测度，对于新信息环境下金融风险的识别和防范十分重要。

　　函数型数据分析方法（functional data analysis，FDA）起源于 20 世纪 50 年代的心理学研究。在发展的初期，较多地应用于生物统计、海洋、医学等领域。近年来，函数型方法发展迅速，逐渐被应用到经济相关的研究中并取得了巨大进展。特别地，金融市场的迅速发展对数据处理和分析提出了新的要求。而函数型数据分析这项分析工具为应对和解决这些问题提供了一种全新的视角和研究工具。

　　函数型数据分析作为金融领域中一种较新的数据研究方法，在处理高维问题和适用灵活性方面具有显著优势，金融数据的分析是其应用的重要领域。相较于传统方法，函数型数据分析方法的主要优势有：首先，无须事先假设数据所服从的分布，根据观测值本身进行建模，可以较好地弥补现有研究依赖分布假定的缺陷；其次，充分考虑资产之间的相关性，并且借助多个存在相关性信息实现更有效的分析；再次，函数型主成分分析的降维思想在尽可能提取重要信息的同时较好地解决了高维大型数据分析的"维数诅咒"问题。

　　综上，为更好地把握金融市场的变化规律、有效管理金融风险，本书将函数型数据分析的方法引入到金融市场的相关的研究中，以函数型思维方式为切入点，分别从金融市场的函数型表达、金融市场的风险以及风险管理三条线索研究金融市场中的函数型数据分析。

1.2　国内外研究现状

　　函数型数据分析将数据的观测值作为包含了更多信息的曲线进行

分析。与传统数据分析相比，FDA 具有许多优越性，通过对曲线性质的分析能够挖掘出更多重要信息，其在医学、气象学、生物统计学、海洋研究已经得到了广泛应用（Ramray 和 Silverman，2005），但在经济学和金融学方面的应用相对较少。

在金融市场中，资产持续地流动，资产的价格及其他相关指标以高频率不断地记录，因此，金融市场产生的数据大部分可以被视为函数型数据。金融领域是该方法应用的重要领域。国外关于 FDA 在金融中的应用研究近年来逐渐发展，出现了许多有价值的研究成果。但是，函数型数据在金融应用中的研究仍然处于起步阶段，需要更深入地研究和进一步地完善。

一、国外文献

国外学者在函数型数据分析的经济和金融应用方面已经展开了一系列的研究。在经济学应用方面，Ramsay 和 Ramsey（2001）将函数型数据分析用于研究非耐用消费品指数的动态特征。Matzner 和 Villa（2004）使用函数型主成分分析探索来收益率曲线的特征。而 Wang（2008）则将其应用于网上商品拍卖价格的分析中。

由于金融市场的交易是连续不断进行的且市场上的相关的量化信息，如金融资产的价格、交易量等，能够以较高的频率提取，金融市场上存在丰富的可观测信息成为"天然"的函数型数据。函数型数据分析在金融市场中的应用成为一个非常有吸引力的研究方向。

在金融应用方面，Anderson 和 Newbold（2002）首次基于函数型数据分析金融资产收益，用函数自回归方法估计了瑞士—法郎—美元汇率时变的日内逆分布函数的自回归模型，研究结果显示，相较于传统的统计方法 FDA 在金融数据的分析中更有优势。随后，函数型数据分析被广泛应用于分析不同标的金融数据上。

Salvastore 和 Damiana（2005）使用对 2000 年 1 月 3 日至 2002 年 12 月 30 日的 MIB30 指数进行了函数型数据主成分分析，研究结果显示，函数型数据分析是对金融序列进行分析的一项有利工具。

Müller，Stadmuller 和 Yao（2006）首次提出了函数型方差过程的概念，从理论角度证明了实际数据转化为函数型数据进行分析的原理和过程，为方差过程分析提供了新思路与新方法。

Sebastian 和 Eddie（2007）基于传统函数型主成分分析方法提出了基于向量自回归（VAR）方法的函数型主成分分析，对纽约交易所 2002 年 1 月至 2006 年 12 月轻质原油期货合约价格进行了分析。

Kai 等（2009）首次使用函数型主成分分析方法分析隐含波动率，通过引入函数共同主成分分析模型对隐含波动率进行了研究。Ingrassia 等（2009）也将函数型数据分析方法应用于对金融时间序列数据的分析，以 MBI300 指数为样本进行实证分析并提出了基于载荷因子聚类的股票指数构建方法。Alva，Juan 和 Esther（2009）基于函数型数据主成分分析方法，利用 AR（1）模型对日内波动率的预测进行了改进。Müller，Sen 和 Stadmuller（2011）提出了使用函数型数据分析方法估计股票的日内波动率曲线，并建立了使用日内上午交易信息预测日内下午股票波动的预测模型。Wang，Sun 和 Li（2014）将函数型数据的主成分分析方法直接应用于中国上证 50 指数 2011 年月收益率的分析中，Fearghal，Finbarr 和 Mark（2015）基于跳跃扩散模型，利用函数型数据分析方法对国际商品市场 2007 年至 2013 年 WTI 期货合约的隐含波动率进行了研究。

二、国内文献

函数型数据在中国的研究起步较晚，研究领域也相对单一。国内现有关于函数型数据的研究多为基础性描述研究或直接的应用研究，对函数型数据分析方法的拓展及更深层次的研究还较少。张崇岐等（2006）讨论了将函数型数据进行平滑曲线展示的方法，并对方法应用过程中的潜在问题进行了说明。严明义（2007）首次系统地讨论了函数型数据分析统计意义上的基本思想和方法。近年来，国内文献在函数型数据分析的经济、金融领域的应用方面取得了巨大进步。

在经济学研究方面，靳刘蕊（2008）对函数型数据的聚类分析、主成分分析等方法进行综述，同时利用该方法对国内的宏观数据进行了分析。孟凤银（2011）对比分析了函数型数据分析中的主成分分析和多元统计分析的差别，并利用函数型主成分分析方法对中国财政指数情况进行了研究。不同于主成分分析和聚类分析，剡亮亮（2013）从泛函特征而非多元统计延伸的视角，介绍了函数型数据的主微分分析方法并对全国银行间同业拆借利率进行了分析。

在金融学研究方面，毛娟（2008）使用美国股票市场 S&P500 指数在 2003 年 9 月 23 日至 2004 年 6 月 2 日的指数期权的隐含波动率使用函数型数据方法进行研究。岳敏和朱建平（2009）及王诚（2014）运用函数型主成分分析方法，分别以 2007 年沪市股票和 2013 年 A 股股票为样本，把股票的月收益率视为连续的函数数据，应用函数型主成分方法来提取主成分因子以刻画股票收益率的主要变动因素随时间变化的特征。曲爱丽（2009）选取我国沪深两市的五只蝶式权证作为研究对象，对 2006 年 5 月 22 日至 2006 年 11 月 15 日权证收盘价格数据的周收益率进行了分析。朱建平等（2010）介绍了函数型数据聚类及其在金融时间序列分析中进行应用的相关问题。郭均鹏、孙钦堂和李汶华（2012）使用函数型数据分析的区间主成分分析法对 Shibor 收益率进行实证研究。徐佳（2008）、胡梦荻（2014）、陈丽琼（2014）、张蕾蕾（2014）及田和鹭（2015）等利用函数型数据分析方法分别针对中国的证券投资基金、股票、期货和期权进行了研究。

三、文献评述

综上所述，国内外研究者近年来对函数型数据的金融应用有所关注，国外文献方面已经有较为深入的研究。然而，函数型数据在国内金融研究方面的应用还处于起步阶段，虽然近两年发展较快，但以直接将函数型方法应用到实证分析中的研究方式为主，并没有对相对的理论和方法进行拓展。函数型数据分析在国内金融研究中的应用具有较大的发展空间。

函数型数据还处在发展的初始阶段，它与其他数据类型的界限是相对模糊的。因此，在考虑函数型数据的金融应用时，更重要的是用合理的方式思考数据、使用数据，帮助分析实际的问题。由于金融数据的高维特性及函数型数据分析在降维处理中的优越性，在金融高频数据的处理中，这一方法受到格外地关注并被一些学者提倡应用于金融高维数据的分析。在研究不断推进和深入的过程中，函数型数据分析的思想在金融数据的统计分析中的应用被证明是一项重要的分析工具和值得探索的重要方向。

从函数型数据分析的国内外研究现状来看，存在以下几个方面的问题值得深入思考与研究：

首先，从函数型数据分析方法引入金融研究的总体框架来看，当前研究多针对金融市场价格变化的某一个方面进行研究，或是针对某一种具体的模型进行研究，而将研究对象和模型紧密结合、进行系统性研究的很少。尤其是进行多种途径综合分析的实证研究不多。

其次，对于具体的函数型分析过程，准确认识函数型数据和金融数据的共性与个性以及其统计特征，是进行金融市场分析的基础。但当前的研究多为直接将函数型数据的一般分析方法套用到金融数据上，缺乏对其适用性和经济含义进行合理的解释。

再次，无论是理论还是应用，国内的研究都存在一定程度的滞后，在实际应用中有算法改进、方法拓展或创新性结论的研究较少。

1.3 研究思路与研究方法

函数型数据分析从函数视角探索数据，将观测数据视为一个整体，将其表示成平滑的曲线或连续的函数$x_i(t)$，$i=1$，2，$\cdots$，n。其中，n代表观测曲线条数或观测对象个数，t是观测点，可以是时间或者时间以外的其他变量。对于所有的观测对象，并不要求它们的观测点个数或进行观测的次数相等。函数型数据分析的出发点就是将函数数据作为一个单独的对象（通常是一条曲线）而非一系列观测点的序列，强调的是数据的内在结构而非其外在形式。本书利用函数型数据分析的方法，以函数型数据的视角为切入点，分别从金融市场的资产价格、资产价格的波动率以及金融风险管理三个方面讨论了函数型数据的金融应用。

研究的基本思路为：以函数型分析方法为主线，以金融市场的价格变化、波动率和风险为线索，对函数型视角下的资产价格变化特征进行考察。采用理论分析和实证分析相结合的研究方法。具体而言，将函数型主成分分析与聚类分析相结合，构建基于特征聚类的投资组合；将函数型主成分分析与时间序列模型相结合应用于波动率的研究，通过期望最大化（expectation-maximization，EM）算法实现；将函数型数据的主成分分析、分位数回归与时间序列模型相结合应用于风险的研究，通过最小极优化（majorize-minimize，MM）算法实现。

首先，基于函数型波动率过程建立刻画股票市场价格波动的计量模型，考察中国股票市场资产价格的变化特征。其次，将分位数回归引入到函数型数据分析中，利用其对分位数信息的详细刻画研究极端波动时股票价格波动的方式，即考察中国股票市场波动过程的风险建立基于函数型数据的多元风险模型。再次，在分析中，将资产价格变化的特征从横向和纵向两个维度进行分析，横向方面比较不同股票、不同分位数水平的波动率和风险价值特征，纵向方向考察不同风险测度随时间发生的变化，反映不同风险测度的动态变化过程。同时，结合具体的市场背景，分析不同阶段股票市场波动风险的表现和内在风险结构的变化。

1.4 特色与创新之处

本书从函数型数据分析的理论基础和一般分析方法出发，详细讨论了函数型数据分析应用于金融市场分析面临的问题、解决方法及存在的问题，并基于中国股票市场的实际数据进行了讨论。首先，本书围绕金融市场分析的中心和关注焦点，对函数型数据分析思想的经典文献和新近研究成果进行了较为系统的梳理。其次，本书展示了如何具体地将函数型数据分析方法应用到实际的金融市场分析中，并对一般方法进行了扩展，提出了新的研究方法和研究视角。再次，本书利用中国股票市场的实际数据提供了大量基于函数型数据视角的实证证据。

本书对函数型数据在金融市场中的应用进行了较为全面的分析。从金融市场出发，提供了一系列重要问题的具体应用和解决方案。更重要的是，提供了从函数视角出发，分析金融市场行为的思维方式。基于函数型数据分析这一新的视角，为更好地认识和理解中国金融市场的变化规律和风险提供了新的分析工具和实证证据。研究结合了函数型数据分析方法、时间序列分析和统计算法中的重要思想和方法，并将其应用到刻画资产价格变化和衡量风险的研究中。

本书主要的创新之处如下：

第一，研究视角的创新。在研究视角上，从函数型数据分析方法出发对金融资产的价格变化进行了系统研究，包括对资产价格变化及其风险的刻画。一方面，利用函数型数据的思想通过对曲线特征进行建模的角度衡量金融市场的风险，为研究金融风险测度提供了新的视角。另一方面，区别于传统的函数型数据分析，将其拓展至分位数即分布函数尾部特征的研究，拓展了函数型数据分析方法的应用领域。

第二，研究方法的创新。利用所提取的"函数型"数据信息，考虑不同资产之间的相关性，建立了基于函数型数据的多元风险模型。在数据分析上，提高了数据的使用效率，增加了用于估计的信息量，尤其在分析极值问题中避免了由于尾部数据稀缺性而造成的估计偏误，提高了尾部信息估计的有效性。

第三，方法应用上的创新。不同于已有研究对单一问题的分散讨论，本书从经验事实、波动率和风险三个方面系统考察了中国股票市场 2004 年至 2015 年共 12 年的上证 50 指数数据，利用日间和日内数据分别分析。对不同市场背景下金融资产价格的具体特征进行了探索，对不同市场条件下风险的特征进行了详细分析，利用估计得到的主成分函数和载荷因子，对风险的主要影响因素及内在结构进行了对比分析，为理解和把握中国股票市场的变化特征和变化提供了重要的实证证据。

1.5 内容与结构安排

本书拟以函数型数据分析的基本思想和方法为出发点，在对函数型数据一般方法和相关文献进行回顾、总结的基础上，将其进一步拓展和应用到金融市场的分析中。本书的内容可以分为三部分：第一部分为基础，第二部分为应用，第三部分为拓展研究。具体而言，第一部分：相关背景材料，包括导论（第一章）、基本分析方法和经验事实（第二章）；第二部分：将函数型分析方法应用到中国股票市场的实际分析中，分别利用函数型数据分析方法对投资组合的构建（第三章）、股票市场波动率（第四章）；第三部分：对函数型分析方法进行拓展，讨论基于函数型数据分析的金融风险管理（第五章）。结构安排及其逻辑关系如图 1-1 所示。

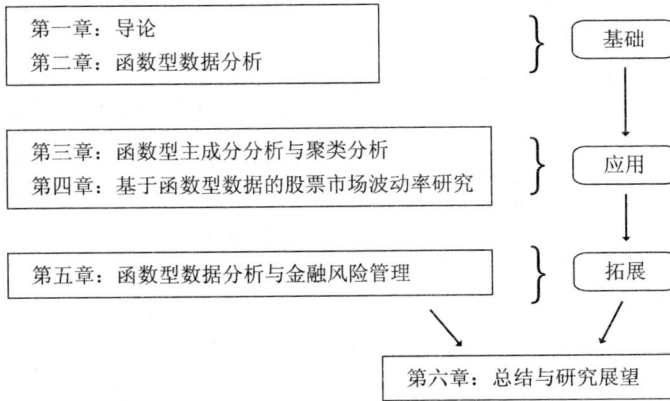

图 1-1　主要内容与结构安排

第 2 章　函数型数据分析

2.1　引言

  函数型数据分析是现代统计学的一个重要分支，不仅丰富了数据分析的领域，还为解决数据分析提供了强大的技术支撑。这类方法的主要特点包括：以更有利于分析的方式展现数据，突出数据的变化特征，探寻数据模式和变化发生的原因并对其进行解释。函数型数据分析的核心思想是将具有某种函数性质的数据视为一个整体，而不是个体观测值形成的序列。其重视数据的内在结构而非外在的表现形式，即数据的"函数型"本质。而函数数据视角的优势在于可以基于数据的函数特征挖掘出更多的信息。以函数型数据平滑曲线展示为例，一方面可以诊断用于拟合数据适用的模型，另一方面可以利用该平滑曲线的导数性质，考察数据的个体之间的差异与动态的变化，这些特征是传统的数据形式无法展示或捕捉到的规律。

  利用函数型数据分析的方法，首先应当明确函数型数据的概念以及函数型数据分析的一般方法。方法的核心思想是将观测对象作为一

种具有内在 "潜在结构" 的曲线进行分析，将研究对象利用合理的方法转化为曲线（curve），然后通过曲线的特征来实现原始数据的分析。本章分别对函数型数据的定义和一般分析方法进行了介绍，这两项内容也是整个研究的基础、出发点和关键线索。

2.2　函数型数据

2.2.1　函数型数据

通常的数据分析中，数据可以分为三类：时间序列数据、横截面数据和面板数据。时间序列数据从时间维度观测数据，将数据按照时间顺序纵向排列，表示形式通常是以时间 t 为单位的一列数据x_t。横截面数据从个体维度观测数据，对同一时间点的不同个体进行观测，表示形式以个体 i 为单位，构成截面数据x_i。而面板数据，则综合了时间 t 和个体 i 两个维度，所观测到的数据为从时间序列中的多个时间点上截取的若干个截面，通常表示为x_{it}。一般地，可以将截面数据作为面板数据的 t 取某一个固定值时的特例，同理，也可以将时间序列数据作为面板数据的 i 取某一个固定值时的特例。

随着通信和信息储存技术的进步，越来越多的研究中所收集到的数据已经突破了传统数据的类型，甚至在信息时代下，所获得的数据还可能是曲线、图像等。在实际研究中，收集到的数据通常是时间序列与横截面数据的 "非标准" 结合体——如数据的选取并不按照固定的时间点或观测个体予以记录，此时，记时间点 t 所观测的对象 i 得到的数据为 $X_i(t)$。如果将这些"非标准"结合体记录的数据作为离散的数据点来观察，那么已有的数据方法无法对其进行分析。但是，当把所记录的数据用潜在的函数或者曲线连接起来，进而把整条曲线作为独立的观测值，这些"非标准"结合体就又重新具有了"共性"，从而为分析提供了基础。因此，将这一种视角所观测到的数据称为函数型数据，它们所隐含的函数性特征是对其进行分析的关键要素。针对函数型数据的统计分析方法也应运而生。

所谓函数型数据，就是以函数为表现形式的数据。当数据的观测点较密集时，观测到的数据在数据空间中呈现出函数型的特征，表现形式为光滑的曲线或连续的函数。假定 $X(t)$ 表示定义在有界区间 Γ 上的光滑的随机函数或过程，$t \in \Gamma$ 可以表示时间或时间以外的其他变量，$X_1(t)$，$\cdots$，$X_n(t)$ 表示 $X(t)$ 的 n 个独立的实现，则 $X_i(t)$，$i = 1, \cdots, n$ 为函数型数据。"函数型"指数据的内在结构，而非外在的形式。

根据观测变量的个数，函数型数据可以分为一元和多元两种类型，其中一元函数型数据观测某一个指标连续变化的过程，如一个儿童的身高在一段时间段内的变化过程，一个城市的降雨量在一段时间内的增加或减少等。而多元函数型数据则观测的是多个指标随着时间而变化的情况，如对一个城市的气候状况进行观测，则需要考虑温度、降雨量、湿度、风向等多个指标的信息，这些指标的观测值可以视为随着时间的连续变化而产生的数据。而根据记录的观测值的疏密程度，可以分为稠密数据的分析和稀疏数据分析两个方向。

2.2.2 函数型数据预处理

拟对收集到的数据进行函数型分析，首要和关键的一步是将离散的原始观测数据转化为函数型数据。这一转化不仅有利于将数据用函数型的形式展现其特征，也是展开后续分析的基础。合理地将离散数据转化为函数型数据的统计技术和方法，是函数型数据分析的关键技术之一。

假设对于第 i 个观测对象有一系列的观测值 y_{i1}，…，y_{ij}，其中 i 表示观测对象的个数，$i = 1$，2，…，n，j 表示对每一观测对象的观测次数，$j = 1$，…，n_i。拟对其进行函数型数据的分析，那么首先考虑如何合理地将这些观测值转化为平滑的函数 $X(t)$。在实际分析中，一般将获得的数据记录为 n 对观测值 $\left(t_{ij}, y_{ij}\right)$，$i = 1$，$2$，…，$n$，$j = 1$，…，$n_i$。假定在已知数据背后存在一个潜在的函数，则 y_{ij} 是这个潜在函数在时间 t_{ij} 的实现值。

1. 数据平滑性的概念

如果函数具有一阶或者更高阶的导数，则认为函数是平滑的。函数的平滑性是潜在函数 $X(t)$ 所具有的性质。实际数据中，由于数据"噪声"或观测误差的存在，可能不满足平滑性的条件。一般地，将观测数据记为 $y_i = \left(y_{i1}, \cdots, y_{in_i}\right)'$，$n_i$ 代表第 i 条曲线离散观测的次数。函数型数据的基本形式为：

$$y_{ij} = X_i(t_j) + \epsilon_i(t_j), \ i = 1, \ 2, \ \cdots, \ n, \ j = 1, \ \cdots, \ n_i$$

对于不同的观测曲线，观测点t_j和观测次数n_i可以是不同的。如果实际观测的数据中含有的"噪声"（noise），即观测误差$\epsilon_i(t_j)$很大，则会导致产生提取函数特征并进行稳健估计方面的困难。因此，在得到观测数据$y_{i1}, \ \cdots, \ y_{in}$后，需要对样本数据进行函数的拟合。

如前所述，对于观测到成对数据$(t_{ij}, \ y_{ij})$，$i = 1, \ 2, \ \cdots, \ n, \ j = 1, \ 2, \ \cdots, \ n_i$视为一组函数型数据的样本，由$n$条曲线构成。因此，需要关注整个样本集中的每一条曲线，而不仅仅考虑单个的曲线。显然，单个曲线的分析是分析整个样本集的基础。实际的应用中，当观测到的样本数据是稠密的，则对单个曲线和整个样本集的曲线簇的分析都是可行的；但当观测到的样本数据是稀疏的，利用整个样本曲线簇中邻近或相似的曲线信息来辅助对单个曲线的估计就十分重要。

通过平滑技术估计函数型数据潜在的函数形式$X_i(t)$，并通过$X_i(t)$得到任意一点 t 的取值。如果该取值与观测值存在观测误差，则需要去除观测误差，对数据进行平滑（smoothing）将离散的数据转化为连续的数据，也就形成了函数；如果这些观测值没有观测误差，就应当对数据进行插值（interpolation）将离散的数据转化为函数。因而，在将原始观测数据转化为函数的过程中，一项主要的任务就是有效地剔除数据中所包含的观测误差$\epsilon_i(t_j)$，例如对稠密型数据的处理。或是处理过程中暂时保留误差，而要求最后分析的结果具有平滑性，例如对稀疏型数据的处理。而通常，所观测到的大部分数据存在误差，因此一般使用平滑技术对原始数据进行函数化。

2. 平滑的方法

值得注意的是，平滑技术在函数型数据分析中十分关键。平滑技术的重要功能不仅限于在数据的初始处理中，在函数型主成分分析等应用中也发挥着重要作用。因此，有必要在理解平滑性概念的基础上，充分了解实现平滑的技术或方法。最简单的平滑方法为线性平滑方法，但使用最多的、最主要的数据平滑技术包括基函数法、局部加权平滑法和粗糙惩罚法。以下部分分别予以说明。

（1）线性平滑法

线性平滑法利用获得的离散观测值的线性组合对曲线 $x(t)$ 进行拟合，将观测到的数据 y_i 进行线性加总，即

$$x(t) = \sum_{i=1}^{n} W_i(t) y_i$$

其中，$W_i(t)$ 是个线性加总的权数，在线性平滑过程中也被称为平滑算子。$W_i(t)$ 不仅取决于观测时点 t，还取决于观测个体 i。线性平滑方法运算速度较快，且可以利用平滑算子的性质进行进一步的研究。但是，对于明显在不同区间有不同表现的数据，线性平滑方法下的结果可能并不是最优的。

（2）基函数法

基函数法是将离散数据进行函数化最主要的方法。基函数系统（basis function system），是指一系列已知的函数 Φ_k 构成的函数集 Φ，系

统中的函数之间是相互独立的，且任意的函数可以通过系统内函数的加权求和或线性组合的形式表示出来。基函数平滑法就是利用基函数系统中K个已知的基函数Φ_k，$k = 1, \cdots, K$ 的线性组合对曲线 $x(t)$ 进行拟合，即

$$x(t) = \sum_{k=1}^{K} c_k \Phi_k\left(t\right)$$

其中，基函数的个数K确定平滑的程度。在基函数$\Phi_k\left(t\right)$确定的条件下，系数向量$\boldsymbol{c} = \left(\boldsymbol{c}_1, \cdots, \boldsymbol{c}_k\right)^{'}$唯一的取值就确定了$\hat{x}(t)$。通常使用最小二乘（OLS）或加权最小二乘（WLS）准则来估计系数。同时，也可以使用带惩罚项的最小二乘法来估计。

以使用最小二乘法对系数c_k进行估计为例，最小化残差平方和：

$$\text{SSE}(y|\boldsymbol{c}) = \sum_{i=1}^{n} [y_i - \sum_{k=1}^{K} \boldsymbol{c}_k \Phi_k\left(t\right)]^2$$

用矩阵形式可以写为$\boldsymbol{x} = c'\Phi$，K 为向量$\boldsymbol{c}$的长度，则SSE可以写为：

$$\text{SSE}(y|\boldsymbol{c}) = (y - \Phi \boldsymbol{c})^{'}(y - \Phi \boldsymbol{c})$$

那么利用最小二乘法估计的系数为：

$$\boldsymbol{c} = \left(\Phi^{'} y \Phi\right)^{-1} \Phi^{'} y$$

基函数法的一个重要特点是所选择的基函数具有拟估计的函数 $\hat{x}(t)$ 的性质，因此可以选择较少的 K 进行估计从而提高了运算速度。在平滑过程中，K 本身并非一个固定的值，而是需要选择的一个参数。同时，基函数方法对实际数据几乎没有限制，因而具有较灵活的适用性。可以

发现，基函数展开在有限维度 K 的框架内，展示了潜在的无限维的函数。但是，在这一角度下也并不能直接认为函数型数据分析转化为多元变量的分析，因为这一过程不仅取决于展开式的系数 c 如何确定，还取决于基函数ϕ的选择。同时，$x(t)$函数形式的最终确定，还需要通过插值来完成。此外，适合于原始数据的基函数应当根据数据的实际表现或特征进行选择。

使用基函数的重要原因在于，在实际数据收集过程中获得的数据几乎都是离散的，即使是高频金融数据也是如此。尽管金融高频数据能够收集到的数据集时间点间隔可以非常小，但也无法证明所选择进行分析的模型可以合理刻画任意微小的时间间隔中不存在观察值的数据。利用基函数可以合理而又有效地处理该缺陷。同时，在实际研究中，不但希望描绘拟合函数的形态，且更希望关注拟合函数的可导性、周期性等其他函数角度的性质，因此选取拟合函数非常具有难度。随着观测技术的进步，可以获得的数据非常巨大，呈现出高维大型的特征，仅使用单个函数进行拟合，效果很有可能不理想。但是，基函数系统却可以通过选取不同种类的基函数、选取合适的基函数的个数等手段来实现复杂数据的拟合。

使用基函数法时需要至少考虑三方面因素：数据是否拟合得较好、关于导数的条件是否满足，以及运算量是否合理。傅里叶基函数（Fourier base function）和 B-样条基函数（B-spline base function）是两类最为常用的基函数。前者通常用来分析带有周期性的数据，而后者用于不具有明显周期性的数据。其他的基函数还包括小波基函数（wavelet base function）、指数函数基函数、幂函数基函数、折线函数基函数、阶梯函数基函数以及多项式基函数等。除了确定函数形式的基函数外，还可以利用经验分析得到的函数作为基函数，如根据函数型主成分分析等得到主成分作为基函数。通常，可以利用模型选择法（model selection）来确定拟选取的基函数的个数。

样条函数（spline function）是一类分段的、具有光滑性且在各段交接处也有一定光滑性的函数。样条函数由两个要素决定，一是分段多项式函数的阶数（order），二是用于分段的节点（knots）的个数。定义样条函数，首先将拟进行拟合函数的区间使用节点 $\kappa_1, l = 1, \cdots, L - 1$ 分为 L 个子区间。区间的左右两个端点分别为 κ_0 和 κ_L，κ 表示节点序列。样条函数是经过这一系列节点的光滑函数。

在每一个子区间中样条函数由一个阶数[①]为 order = m 的多项式函数表示，且相邻的两个子区间的多项式函数在节点处的值相等。其基本原理是用分段的多项式函数逼近待拟合的目标函数。使用 k 个基函数 $\Phi_k(t)$ 来构造样条函数时，需满足以下性质：

①每一个基函数 $\Phi_k(t)$ 自身也是一个阶数为 m，节点序列为 κ 的样条函数；

②基函数的任意线性组合仍是样条函数；

[①] 多项式函数的阶数是指定义一个多函数式函数所需要的参数个数，通常等于多项式函数的最高次幂加 1，如线性函数的阶数为 2，二次函数的阶数为 3，以此类推。

③任意一个由阶数 m 和节点序列 κ 定义的样条函数可以用基函数的线性组合表示。

B-样条基函数是使用最为广泛的样条基函数系统。通常，用 $B_k(t,\kappa)$ 表示由内点序列 κ_1 定义的 B-样条函数在 t 处的取值。令 $S(t)$ 表示基于 B-样条基函数的样条函数，则有：

$$S(t) = \sum_{k=1}^{m+L-1} c_k B_k(t,\kappa)$$

其中，k 表示基函数的个数。在根据节点 κ_1 划分的每个子区间里，$S(t)$ 都是一个 m 阶的样条函数，对 $m+L-1$ 个参数进行估计得到分段的样条函数。

（3）局部加权平滑法

局部加权平滑法是指将观测值用其附近的点的线性组合表示出来的平滑方法。通过定义权重函数，对靠近待估点 t 的观测值赋予更大权重，使其对函数估计值产生更多作用。主要的方法有核函数（Kernel）平滑法和局部加权平滑法，两种方法分别将核函数与基函数作为权重的估计量。

在核函数平滑法下，待估点 t 的估计值是其周围的局部观测值的线性组合 $\hat{x}(t) = \sum_{n-1}^{n} W_I(t) y_i$，权重函数 $W_I(t)$ 使用 Nadaraya-Watson 估计量的权重函数，即

$$W_I(t) = \frac{\text{kernel}[\frac{t_i-t}{h}]}{\sum_r \text{kernel}[\frac{t_r-t}{h}]}$$

其中，kernel 函数的常见形式有一致核函数、二次核函数、高斯

核函数等。

在局部多项式平滑法下，将 kernel 估计量与局部基函数估计量一起用于最小化下式：

$$SSE(y|c) = \sum_{i=1}^{n} W_I(t)[y_i - \sum_{I=1}^{n} c_k \Phi_k(t)]^2$$

其中，权重函数 $W_I(t)$ 由 kernel 函数表示，用矩阵形式表示如下：

$$SSE(y|c) = (y - \Phi c)'W(t)(y - \Phi c)$$

$W(t)$ 是 $W_I(t)$ 为对角线元素的矩阵，以最小化结果为：

$$c = [\Phi'W(t)\Phi]^{-1}\Phi'W(t)y$$

代入 $\hat{x}(t) = \sum_{n-1}^{n} c_k \Phi_k(t)$ 即得到权重向量。因为 $\hat{x}(t)$ 实际上是 t 点周围观测值的线性函数，因此基函数能够更好地拟合原始数据的局部特征。

局部加权平滑法使用核函数构建局部权重函数以实现对数据的局部加权平滑，简洁明了且具有较好的运算性质。与通常的核函数方法一致，可以利用交叉验证法（cross validation）来选择核函数中的窗宽（bandwidth）。

（4）粗糙惩罚法

粗糙惩罚法保留了基函数平滑法和局部加权平滑法的优势，并改进了其存在的不足之处。通过在曲线估计过程中加入粗糙惩罚项，使其对待估计曲线对实际数据的拟合程度和待估计曲线的局部变化程度实施加权平均，从而达到对拟合程度和粗糙程度的控制。考虑使用 $y_j = x(t_j) + \varepsilon_j$ 来拟合曲线 x，则最小化带惩罚项的残差平方和：

$$PENSSR_\lambda(x|y) = \sum_j \left[y_j - x(t_j)\right]^2 + \lambda \times PEN_2(x)$$

其中，$PEN_2(x) = \int\{D^2 x(s)\}^2 ds$ 表示施加的惩罚项，λ为惩罚参数，第一部分衡量拟合程度，第二部分衡量曲线的平滑度。当惩罚参数λ较小时，表示施加的惩罚小，而惩罚参数λ较大时，表示施加的惩罚大。惩罚函数的一般化表达为$PEN_L(x^R) = \int\{D^L x(s)\}^L ds$，$L = 2$为常用的惩罚项。粗糙惩罚法具体可分为样条平滑法和正则化基法，通常可以使用广义交叉验证法（generalized cross-validation，GCV）来确定惩罚参数。

2.3　函数型数据分析的一般方法

1. 函数型数据分析的目标

如前所述，函数型数据分析是统计学的分支，与传统的统计学方法相比，既具有共性，又具有较为独特的个性。明确进行分析的目标，是实现分析和探索分析方法的起点。Ramsey（2005）指出，函数型数据分析的目标包括：

（1）将数据以有助于进一步分析的方式表达；

（2）展示数据以充分表现其变化的特征；

（3）研究数据中重要趋势和变化的来源；

（4）根据自变量变化提供的信息，解释这些变化对结果或者因变量的影响；

（5）比较不同的数据集在某一具体变化特征的差异，这些数据集是同一函数的不同表达，或是不同函数在同一数据集中的实现值。

可以看到，通过函数型数据分析，我们期望将数据表达为函数或曲线的形式。而函数或曲线的形式，有助于利用导数等分析工具来更充分地解释原始数据变化的特征。与传统分析方法相比，函数或曲线的特征从新的视角揭示了更多的信息，对于进一步挖掘变化的趋势、变化的来源、影响变化的主要因素及原因有着极大的推动作用。而这些特征在传统分析视角下无法或者不能很好地被捕捉到。因而，在传统方法的基础上，将观察或研究的视角拓展到函数或曲线，将极大提高数据的使用效率，提供更多有助于分析的信息，是对现有研究的一种有益补充和创新。

2. 函数型数据分析的基本步骤

目前，对于函数型数据分析的一般步骤已达成共识。一般地，根据 Ramsey（2005）的经典论述，典型函数型数据分析的基本步骤如下：

第一步，收集整理原始数据，对数据结构进行合理分析和组织。

第二步，利用平滑方法，使离散的观测数据函数化。

第三步，对函数型数据进行统计描述。

第四步，对函数型数据进行排齐（registration），使曲线的主要特征在大体相同的位置得以表现。

第五步，对处理后的数据进行后续分析，尝试提取数据的函数型特征。

第六步，建立函数型模型。

第七步，利用所建立的模型进行估计和分析。

其中，第一步至第四步又被称为函数型数据的预处理过程，或原始数据转换为函数型数据的过程，可以将其称为函数型数据的初步表达过程。而第五步则是函数型数据分析的核心和关键部分，即基于函数型的观测对象实现分析。以此为基础展开的分析均在函数型的框架下实现，可以将其称为函数型数据的进一步表达。第六步是基于所提取的函数型特征进行进一步建模，以探索因果关系等，是更深层次的分析。

在现有文献的研究中，对函数型数据的预处理和提取数据的函数型特征的研究相对成熟，形成了相对"标准"的分析过程和方法。对提取函数型特征，即"后续分析"，有函数型主成分分析（FPCA）、函数型典型相关分析（FCCA）等重要的分析方法。而对函数型特征的建模，则有函数型线性分析、多元函数型响应变量分析、函数型微分模型等。它们之间的关系可以用图 2-1 表示。

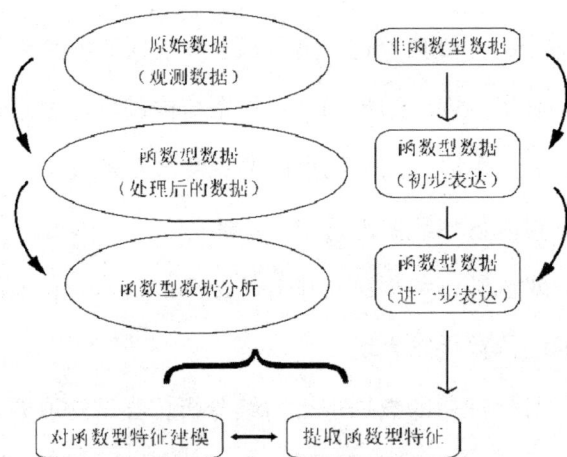

图 2-1　函数型数据的一般分析方法

2.4　金融数据的函数型表达

根据函数型数据分析的核心思想，数据本质是一些曲线或者轨迹，因此，所观测到的数据是独立的个体，而不是单个观测值的序列。与金融时间序列的分析相比，其分析数据的视角和目标有着显著的差别。在分析目标上，对金融数据的时间序列主要关注对数据的建模，即更好地拟合、刻画数据并进行更加有效的预测，而函数型数据分析则更关注函数的轨迹和形状，即数据背后潜在的"结构"。

在传统的金融数据分析中，时间序列分析是最为重要的一种分析方法。金融资产的价格作为随时间变化的序列被观测和记录，通过连续时间段上的观测值，得到它们随时间变化的特征和关系。然而，时间序列分析仅揭示了金融资产价格变化的时间维度，同时，其连续观测的假定在实际过程中并不能很好地满足。此外，单个时间序列的分析没有考虑金融资产之间的相关性，忽略了金融市场紧密联系的重要特征，即使是多元的时间序列模型，在高维大型的金融数据分析中对这种相关性的刻画也非常有限。

很多领域的研究中所使用的数据都可以表示为函数型数据的形式。这里我们关注金融数据。金融数据被视为一种"天然的"函数型数据，其原因是金融资产的价格等通常是等间隔连续抽取记录的数据。从实证分析的角度看，函数型的数据通常也是以离散的形式被观测或记录的。令 $\{\omega_1, \cdots, \omega_n\}$ 代表一个 n 维的集合，$y_i = \left(y_{i1}(t_1), \cdots, y_{i1}(t_p)\right)$ 表示 n 维集合中第 i 个实体 ω_i 的变量 Y 在 p 个不同时间点 $t_1, \cdots, t_p$ 的观测值，t_1，$\cdots$，$t_p \in \Gamma = \begin{bmatrix} a, & b \end{bmatrix}$。从而$y_i$可以被视为第$i$个实体的函数型数据。但是，实际观测到的$y_i$在外在形式上仍是一系列单个观测值的序列，因此，此时的y_i称为原始函数型数据。而要对原始函数型数据的内在函数本质进行分析，需要将其合理转换为函数型数据的形式，即一个具有平滑性的函数$x_i(t)$。具有函数型的形式意味着可以在函数的值域上对函数进行赋值，即对函数 x 在任意的时间$t \in \Gamma$赋值，所得到的函数值$x_1(t)$，$\cdots$，$x_n(t)$构成分析的函数型数据集$\chi_\Gamma = \left\{ x_1(t), \cdots, x_n(t) \right\}_{t \in \Gamma}$。

令所收集的M只股票共N个交易日的样本数据为 Y，按照矩阵的形式排列为y_{pi}，$p=1$，M，$i=1$，N。其中，p 是矩阵的行数，对应样本数据的交易日，i 是矩阵的列数，对应样本数据的股票代码，元素y_{qi}表示第 j 只股票在第 i 个交易日的信息。因此，Y 是一个维数为$M \times N$的矩阵，矩阵中的每一列构成单只股票的收益波动率序列。把每一只股票的收益波动率作为函数型数据的一个样本观测值。拟对样本数据利用函数型数据的分析，因此，首先使用带惩罚项的样条函数对离散的数据进行平滑处理，以满足对数据的平滑性要求。

股票数据取自一个密集数据网格（gird），定义Seq为一个长度为 1、间隔为$\frac{1}{M}$的序列，构成网格的节点（knots）个数为 g，则可以将样本数据利用基函数或在所定义的网格上进行赋值来实现数据的平滑。

对原始数据的平滑存在着矛盾的双重目标：一方面，估计的曲线要较好地拟合数据，即需要最小化残差平方和$\sum [y_i - x(t_j)]^2$；另一方面对数据的过度拟合将使估计的曲线扭曲或只在局部具有变异性。为了防止过度拟合现象的出现，在样条函数的基础上利用惩罚项来控制曲线的平滑程度。在曲线估计过程中加入粗糙惩罚项，对待估计曲线对数据的拟合程度和待估计曲线的粗糙程度（roughness）实施加权平均，从而实现对两者的控制。

根据粗糙惩罚平滑法的一般原理，使用函数 $\text{PEN}_m(x) = \int [D^m x(s)]^2 ds$ 来量化曲线的粗糙程度。其中，m 表示对函数 $x(s)$ 求导的阶数。最常使用的惩罚函数为二阶导惩罚函数，即 $m=2$，$\text{PEN}_2(x) = \int [D^2 x(s)]^2 ds$。因此，对原始数据的平滑可以视为一个广义的最小二乘问题，最优化的目标函数为：

$$\text{PENSSE}_\lambda(x|y) = [y - x(t)]'W[y - x(t)]^2 + \lambda \times \text{PEN}_2(x) \quad （2\text{-}1）$$

在现有文献对中国金融市场的实证分析中，常见的金融数据有以下几种类型。按照不同交易品种和产品类型划分，根据中国市场的实际情况，金融市场可以进一步细分为股票市场、基金市场、债券市场、商品市场、期货市场、外汇市场等。拟对金融数据实现函数型数据分析，首先要将金融数据合理表达为函数型形式，建立起函数型框架下的分析基础。中国金融市场常见的金融数据如表 2-1 所示。

表 2-1　中国金融市场常见的金融数据

类型	举例
股票市场	
股票指数	沪深 300、上证 50、深成指
个股数据	每日、30 分钟、10 分钟、5 分钟、1 分钟数据
基金市场	

续表

类型	举例
基金指数	上证基金指数、深证基金指数
基金产品	单只基金现价、日回报率
债券市场	
债券指数	上证企债、上证公司债、上证 5 年期国债
债券	国债、地方政府债、央行票据、短期融资债
商品市场	
商品指数	上期所商品指数（SHCI）、郑商所商品指数（ZZCI）
大宗商品	大宗农产品、大宗金属、大宗能源
外汇市场	美元兑人民币、美元兑离岸人民币、英镑兑美元
期货市场	
股票指数期货	沪深 300 期货
国债期货	CFFEX 5 年期国债期货、10 年期国债期货
外汇期货	美元兑人民币期货
商品期货	三大交易所共 26 个品种
期权市场	
场外期权	沪金、沪银、螺纹钢、铁矿石、焦炭、沪深 300

注：表中的举例仅列举了典型指标，并未涵盖所有可获得的指标或产品。

　　将金融数据进行函数型表达有三种维度。第一种维度是将原始的金融数据转化为平滑的函数型数据。第二种维度是将不同观测对象的时间序列曲线作为一个函数型观测对象，将所有观察对象用函数型的共同部分和个体部分表达出来。第三种维度则是将同一观测对象每一次观测的对象作为一条曲线，对同一观测对象的重复观测结果进行表达。函数型数据分析的一个重要特征和优势是分析结果有非常突出的可视化效果，通过图形可以直观而清晰地展示出分析对象的形态、动态变化等特征。因此，以下部分以股票市场的实际数据

为例，从三种维度展示金融数据的函数型表达。选取上证 50[①]指数
及其成分股在 2006 年至 2014 年的实际收益率为分析对象。

维度一：原始数据转化为平滑的函数型数据

首先，图 2-2 展示了上证 50 指数在 2004—2015 年的时间序列图，
它描绘和刻画了上证 50 指数的日收益率在 2004 年至 2015 年随时间变
化的情况。同样地，对于构成上证 50 指数的每一只成分股，都可以以
时间为横轴、日收益率为纵轴画一条日收益率曲线。时间序列的观察
角度可以清晰地反映每一条曲线的情况，然而，当希望同时对所有的
成分股票（50 只）的特征同时进行分析时，时间序列视角下无法得到
较为明确的结果。

图 2-2　2004—2015 年上证 50 指数时间序列图

利用函数型数据预处理的一般步骤，将原始数据转化为函数型数
据。如图 2-3 所示，不同于图 2-2，在函数型数据视角下，将上证 50
指数在每一个交易日内的收益率变化视为一张二维的曲面，而从交易
日（time）和年份（year）视为不同截面，可以将曲面分解为日内收益

---

① 上证 50 指数是由中证指数有限公司选取上海证券市场规模最大、流动性最好的、最具代
　表性的 50 只股票组成样本股编制的指数，以便综合反映上海证券市场最具市场影响力企
　业的整体状况。上证 50 指数从 2004 年 1 月 2 日起正式发布。

率曲线构成的曲面或日间收益率曲线构成的曲线。在时间序列分析中，将时间点的观测值作为研究对象进行分析，而在函数型视角下，研究对象是构成曲面的曲线。因而，函数型数据分析的视角在保留时间序列分析特征的同时，拓展了分析视角，相同的观测情况下，由于视角的改变而提供了更多信息。

图 2-4 在图 2-2 的基础上展示了股票价格的波动率（volatility）在函数型视角下的形态。不难发现，图 2-2 至图 2-4 都是对原始数据的直接描绘，但由于视角的转变，后者直观反映出更多特征。进一步地，波动率在原始状态下并不是一张平滑的曲面，直观揭示出传统分析方法关于收益率曲线的部分假定并不合理。图 2-5 对这一问题进行了详细说明。图中的源泉代表上证 50 指数在长度为 50 的时间段内，每一个时间点观测到的收益率，折线则描绘了随时间变化的动态，而图中的曲线则是通过平滑技术转换后的函数型数据，三条不同的平滑曲线差异在于在平滑过程中所控制的平滑程度。这里的平滑曲线即是原始数据转化而来的函数型数据。

维度二：多个观测对象用共享部分和个体部分表达

第二种维度的具体解释为，当同时考虑多只股票在一段时间的表现，可以利用函数型数据主成分分析的原理从多只股票的价格信息中提取出共享的部分和代表个体差异的部分，这两部分信息之和代表了多只股票信息集中最主要的部分。图 2-6 和图 2-7 分别代表了从多只股票中提取出的均值曲线，即共享部分，以及用于反映个体差异的部分。需要注意的是，个体差异部分的特征根函数或主成分函数，也是多只股票共享的，其差异体现在对这些主成分函数的不同权重

构成不同的组合。这种分解方式是函数型数据极为重要的一种表达
方式，能够有效而详细地提取出多维数据的重要特征并作为后续分
析的基础。

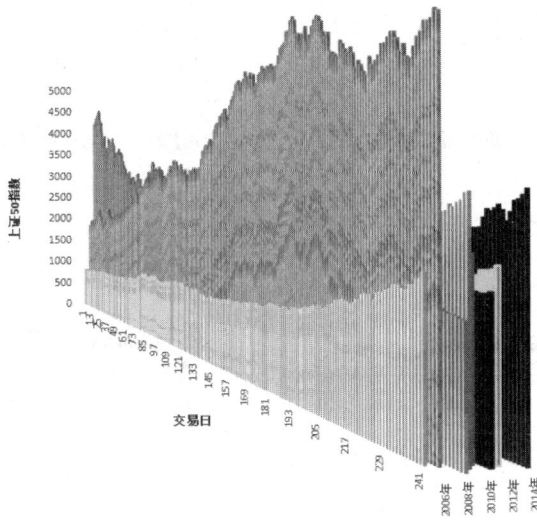

图 2-3　上证 50 指数二维曲面

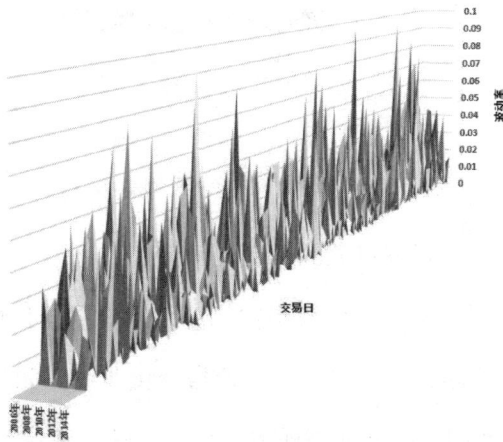

图 2-4　上证 50 指数收益波动率二维曲面

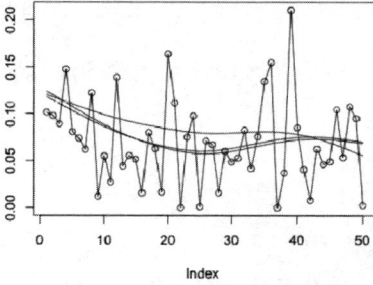

图 2-5 上证 50 指数的函数型表达

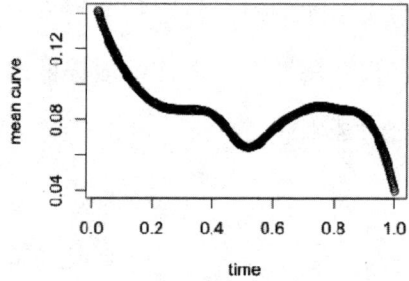

图 2-6 多个观测对象的共享部分

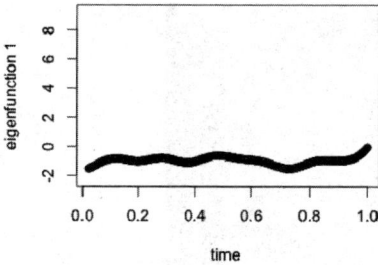

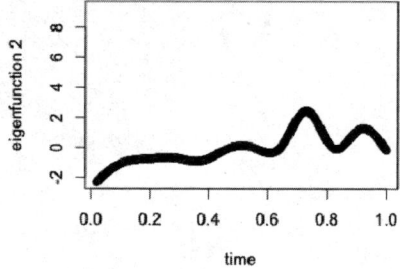

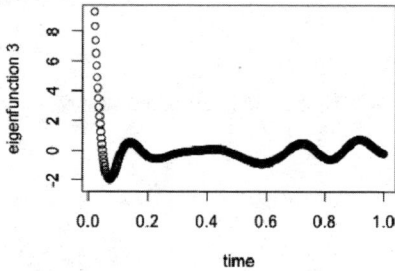

图 2-7 多个观测对象的个体差异部分

维度三：同一观测对象的重复观测值

以单只股票为例，将该股票在每一天的价格变化情况视为观测对象，在观测期间内，记录每一天的价格变化曲线。如观测的时间为 10 天，那么将会得到 10 个观测样本，每一个样本是一条价格变化曲线。对 10 个函数型观测对象进行分析，可以将同一观测对象——股票 A 的

10 次重复观测值表达出来。函数型数据假设对同一观测对象的重复观测值是某种潜在结构的实现值，即对它们背后存在共同的曲线结构，每观测一次，可以得到一组该过程的实现值。

2.5　本章小结

本章对函数型数据分析的相关背景进行了详细介绍。在介绍函数型数据概念的基础上，总结了函数型数据分析的目标与一般方法。其次，对金融市场的实证分析中常用的金融数据类型进行了总结，并利用股票市场的实例对金融数据的函数型表达进行了详细分析和解释，提出金融数据函数型表达的三种形式，为后续函数型数据的金融应用的讨论奠定了基础。本章的内容对于理解金融数据与函数型数据分析的关系十分关键，也是其他相关研究中往往被忽略掉的部分。本章运用实例而非数学表达式的方式进行了直观的解释和说明。至此，已经建立起金融数据与函数型数据分析的连接，后续的章节将以此为基础，采用规范的数学表达方式和实证分析相结合的方式，更深入地讨论函数型数据分析在金融市场分析中的应用。

第 3 章　函数型主成分分析与聚类分析

3.1　引言

金融市场中不同资产的市场价格、交易量等信息构成典型的高维大型数据。伴随金融市场的蓬勃发展，金融多元化、复杂化和一体化的特征进一步凸显。然而，传统方法在应对金融复杂化和处理高维数据的过程中存在局限性，面临着"维数诅咒"的挑战。因此，合理有效地进行降维十分关键。利用函数型数据分析的思想处理高维数据的"维数灾难"问题，从高频金融数据中提取更丰富的市场价格相关的信息，对于认识和了解市场现状、制定投资策略具有指导意义和实践价值。

同时，金融市场中的不同资产之间存在着紧密联系，大量的实证研究证实，一种资产价格的变化或波动与另一种资产的价格相关。然而，在利用传统方法对金融资产的价格变化进行分析时，通常忽略了这种资产之间的相关性，假设资产的价格是独立变化的。未充分考虑金融资产的相关性导致所提取信息的不完全，进而影响对价格变化特征的准确刻画。

　　函数型数据的主成分分析可以有效地考虑金融资产之间的相关性，从函数型的价格序列中提取出不同资产价格之间的共享部分的同时，利用主成分及其不同的载荷因子反映各个资产的差异性。在对金融资产收益率进行刻画的过程中引入函数型主成分分析，不仅能够克服高维分析的困难，实现多个资产的同时估计，还可以将价格信息进行层次划分，提供了更多价格变化的特征。进一步地，基于函数型主成分分析的结果，进行聚类分析并构造有效投资组合。

3.2　理论背景

3.2.1　函数型主成分分析的原理

　　函数型数据分析的主要方法有函数型数据主成分分析、函数型典型相关性分析、函数型回归分析以及函数型聚类分析等。然而，在不同类型的函数型数据分析方法中，主成分分析是一项十分关键的技术。一方面，这源于函数型数据所处理的数据对象及其复杂性；另一方面，主成分分析能够在对函数型数据预处理的基础上，更好地提取和展现曲线的内在特征。这些优势使主成分分析成为对函数型数据进行进一步挖掘和分析的首选方法。其基本思想在于通过寻找数目较少的主成分函数，来解释相当大比例的函数型数据的方差，从而减少所估计参数的个数、降低参数估计的维数且增加估计的有效性。

　　主成分分析最早由统计学之父 K.Pearson 于 1901 年关于正交回归分析的研究中使用。主成分分析的实质是把高维空间的统计转化到低维空间中，压缩数据、简化问题的处理。尽管降维的过程会损失一部分原始数据所包含的信息，但降维使对高维数据的分析具有了可行性，克服了"维数诅咒"，同时把握了问题的主要核心并提取出了解决问题最重要的信息。基于这一数据处理的重要优势和特点，主成分分析在许多研究领域都成为重要的分析方法。对于函数型数据，典型的数据记录通常表现为某个区间上密集的观测数据。而在通信和存储技术飞速发展的背景下，高维大型数据普遍存在，需要函数型数据主成分分析的思想和方法，对其实现降维并展开后续分析。

　　（1）多元统计分析中的主成分分析

　　对传统多元统计分析，数据的记录形式通常是同一时期或时间点上对应的每一个观测对象的多个变量。主成分分析方法是处理数据过程中降维的重要方法，其主要思路是通过寻找综合变量来表达多个变量承载的信息，从而实现数据的简化或降维，是压缩数据、提取数据信息的一种有效方法。最简单和常见的方法是使用原有变量的线性组合。

　　令已知的 j 个变量为 x_j，那么 j 个变量的线性组合可以表示为

$$f_i = \sum_j^p \beta_j \cdot x_{ij} = \langle u_i, x \rangle, \quad i = 1, \cdots, N$$

　　β_j 表示第 j 个变量中第 i 个观测值 x_{ij} 的权重系数，$\beta = (\beta_1, \cdots, \beta_j,)$ 则构成 j 维的权重向量。

　　线性组合f_i的值被称为主成分得分（principle compoment score）。可以发现，权重向量的不同取值会计算出不同的主成分得分。因此，在多元统计中，通过选择不同的权重系数来提取或展示数据中不同变化的类型。通过构造少数的主成分来表示已知j个变量的信息以实现降维。构造的主成分应当能够反映原始数据的重要信息且主成分之间不存在信息的重叠。

　　对这一表达直观地解释，可以从几何角度理解多元主成分分析。首先，旋转原始变量的坐标系得到新的坐标系，用样本协方差矩阵的特征值代表新坐标轴的长度，用其对应的特征向量表示新坐标轴方向的变化，使原有变量在新的坐标系中满足样本方差最大化。新坐标轴满足正交条件，从而使变换后的变量之间相互正交，从而避免了多元回归中的多重共线性问题。

　　正式地，多元主成分分析数学表达如下。令样本矩阵为$\boldsymbol{X}$：

$$\boldsymbol{X} = \begin{bmatrix} x_{11} & \cdots & x_{1j} & \cdots & x_{1p} \\ x_{21} & \cdots & x_{2j} & \cdots & x_{2p} \\ \vdots & & \vdots & \ddots & \vdots \\ x_{n1} & \cdots & x_{nj} & \cdots & x_{np} \end{bmatrix}$$

那么，第i个主成分可以表示为

$$f_i = \sum_i^p u_{ij} \cdot x_{ij} = \langle u_i, x \rangle$$

不同变量的变化程度可以用样本方差来衡量，方差的大小代表所包含信息的多少。主成分的方差代表观测变量的变化，因此，选取主成分时可以将方差作为目标函数。通常，如果选取了k个主成分，有下列不等式成立：

$$\text{var}\,(f_1) > \text{var}\,(f_1) > \cdots > \text{var}\,(f_k)$$

一般地，样本均值是数据一项重要的统计特征，但由于其能够通过其他简洁的方法单独进行识别和分析，通常，在进行主成分分析之前，将变量x_j减去样本的均值后再进行分析。将原有数据"去均值"后，最大化样本方差的条件等价于最大化主成分得分的平方。也即是说，根据样本方差最大化的条件求解主成分，第一主成分f_1的方差用矩阵形式写成

$$\text{var}(f_1) = n^{-1}\,(u_1{}'X')\,Xu_1$$

$$u_1 = (u_{11}, \cdots, u_{1p})'$$

也即是说，第一主成分的求解是解决式 3-1 所示的带有约束的最大化问题，求解后可以得到第一主成分的得分和系数：

$$\max u_1{}'\Omega u_1$$
$$\text{s.t. } u_1{}'u_1 = 1 \qquad\qquad (3\text{-}1)$$

Ω是未知的，需要通过样本协方差矩阵V估计，因而最大化问题的目标函数是$\beta'V\beta$。使用拉格朗日乘数法，可以得到$V\beta = \lambda\beta$。根据矩阵的相关概念，λ是矩阵V的一个特征根，而β则是λ对应的特征向量。由 Rayleigh-Ritz 定理，当$\beta'V\beta$达到最大时，λ是矩阵V最大的特征根λ_1，与特征根λ_1对应的特征向量，就是第一主成分的权重系数β_1。

第一主成分通常还不足以反映原数据的信息，因此需要继续寻找第二主成分。第二主成分除了满足正交条件外，还应当保证不包含第

一主成分已经包含的信息，即第一和第二主成分的协方差应当为零，$\text{cov}\,(f_1, f_2\,) = 0$。

第二主成分的求解是解决式 3-2 所示的带有约束的最大化问题：

$$\max \beta' V \beta$$
$$\text{s.t.}\ \ \beta'\beta = 1 \ \ \ \beta'\beta_1 = 0 \qquad\qquad （3\text{-}2）$$

利用拉格朗日乘数法可得第二主成分的加权系数 β_2 是矩阵 V 的第二大特征根 λ_2 所对应的特征向量。以此类推，第 k 个主成分 f_k 的加权系数 β_k 为矩阵 V 第 k 大特征根 λ_k 所对应的特征向量。各个主成分的得分通过把权重系数代入主成分得分的公式：$f_i = \sum\limits_{j}^{p} u_{ij} \cdot x_{ij} = \langle u_i, x\rangle$ 得到。

对于主成分个数 K 的选择，通常为前 k 个主成分的累计贡献率达到一定的比例[①]。累计贡献率（fractional various explained，FVE）的计算如下：

$$FVE = \frac{\sum\limits_{k=1}^{k} \lambda_k}{\sum\limits_{k=1}^{j} \lambda_k}$$

其含义为，主成分的总方差在 j 个变量的总方差中所占的比例。

（2）函数型数据的主成分分析

函数型数据记载了每一观测对象的同一变量在某一时间段内多个时点的观测值，如果将时间变量看作多元数据中代表变化的因素，则函数型数据面临更严重的"维数灾难"。基于这一特点，将主成分分析

[①] 通常根据实际问题设定一个经验标准，如 70%、85% 等。

的技术引入到函数型数据分析中,即函数型数据主成分分析(FPCA),以充分地对数据进行降维及信息提取。

与传统的多元统计主成分分析相一样,函数型数据的方差-协方差方程和相关性函数不便于进行直观的解释,同时,也往往并没有充分直接地展示观测数据变异性的结构。因此,主成分分析相较于直接考察方差-协方差方程,提供了一种可以考察数据的协方差结构的方法,能够从数据中获取更多的信息,是对方差-协方差分析方法的重要补充。不同于传统的多元统计主成分分析,函数型数据主成分分析使用了非线性的映射方法。那么,在函数型数据分析的背景中的主成分应该如何定义呢?

首先,函数型数据观测到的对象是一系列的函数值 $x_i(t)$ 构成的曲线,其中 $t \in \Gamma = \{1, \cdots, T\}$,$i$ 表示对同一个变量 x 进行的第 i 次观测,$i = 1, 2, \cdots, n$。ξ 和 x 都是连续标量 t 的函数,$\xi(t)$ 和 $x(t)$ 的内积应当表示为对 t 在连续的定义域区间上进行积分:

$$\int \xi x = \int \xi(t) x(t) \, dt$$

那么,在函数型数据背景下,主成分的线性组合为:$f_i = \int \xi x_i = \int \xi(t) x_i(t) \, dt$

其中,i 表示第 i 次重复观测,$i = 1, 2, \cdots, n$。类似于多元函数主成分的求解,求解函数型数据主成分的过程则是寻找到权重函数 $\xi(t)$,即函数型主成分的特征函数。对于第一主成分 f_{i1},对应的权重函数 $\xi_1(t)$ 应满足以下最大化问题:

$$\max \frac{1}{n} \sum_{i=1}^{n} [\int \xi_1(t) x_i(t) \, dt]^2, \ i = 1, \ 2, \ \cdots, \ n$$

$$\text{s.t.} \int [\xi_1(t)]^2 dt = 1$$

同理，对第 k（$k > 1$）个主成分的求解，则 $\xi_k(t)$ 应满足以下最大化问题：

$$\max \frac{1}{n} \sum_{i=1}^{n} [\int \xi_k(t) x_i(t) \, dt]^2, \ i = 1, \ 2, \ \cdots, \ n$$

$$\text{s.t.} \int [\xi_k(t)]^2 dt = 1$$

$$\int \xi_k(t) \xi_{k-m}(t) \, dt = 0, \ m = 1, \ \cdots, \ k - 1$$

此外，结合函数型数据的基函数展开，函数型数据的主成分分析也可以从最优基函数的选择角度进行分析：寻找一个包含 K 个正交基函数的集 ξ，使得基于这些正交基函数展开的曲线尽可能拟合数据的曲线。令曲线正交基函数展开的表达式为 $\widehat{x_i}(t)$，则基于正交基函数集 ξ 展开的曲线表达式为：

$$\widehat{x_i}(t) = \sum_{k=1}^{K} f_{ik} \xi_k(t)$$

其中，$f_{ik} = \int x_i \xi_k$ 为主成分，那么，对单个曲线 i 进行拟合时的标准为：

$$\|x_i - \widehat{x_i}\|^2 = \int [x(t) - \widehat{x(t)}]^2 dt \ , \ t \epsilon \Gamma = \left\{1, \ \cdots, \ T\right\}$$

而同时考虑所有曲线的拟合情况，误差等于：

$$\sum_{i=1}^{n} \|x_i - \widehat{x_i}\|^2$$

此时，寻找主成分的过程就转化为如何选择基函数集，使得误差达到最小。

（2）一元与多元函数型主成分分析

根据观测变量的数量，函数型数据主成分分析可以分为针对一元函数和多元函数主成分分析。针对一元函数的情形是指针对单个变量函数型数据展开主成分分析，所研究的每个个体对应一条曲线，对所观测的 n 条函数曲线进行处理和分析。单变量函数由于不同时间的观测值之间具有一定的前后相依性而使不同时点上的观测值之间可能具有某种程度的相关性，通过利用这一相关性并结合样本的不同个体在一段时间内函数曲线的轨迹，从中抽取所有个体在该区间内共享的主要变动特征。

针对多元函数的情形是对一元函数情形的扩展。单变量函数型数据的主成分分析主要利用了样本在时间维度上的相关性，分析的对象是时间维度上样本的协方差函数，因而计算的主成分是函数形式而非向量。而多元函数主成分分析，是指对多元函数型数据进行降维，分析的对象是 $n \times p$ 维的向量，向量的元素是同一个区间上的函数，将 p 个函数综合为少数几个指标函数。

（3）共同主成分分析

Flury 在 1988 年建立了共同主成分分析（common principle component，CPC）方法，用于比较一个等级之内若干个协方差矩阵的相似特征。通过这一方法，能够得到特征协方差矩阵的比例及公共主成分的结构等相关信息。共同主成分能够较好地解决主成分的结构与协方差矩阵比例等问题。通常需要通过 Karhunern-Loeve 展开式①进行分析，同时，使用函数主成分与因子载荷分布来确定函数的结构及其动态特征。

以两个样本的情形为例，假设有两组相互独立的函数型样本：

$$X_1^{(1)}, \ X_2^{(1)}, \ \cdots, \ X_{n_1}^{(1)} \sim X^{(1)}$$

$$X_1^{(2)}, \ X_2^{(2)}, \ \cdots, \ X_{n_1}^{(2)} \sim X^{(2)}$$

使用 Karhunern-Loeve 展开式来描述随机函数 X_i 的分布，两个样本对应的 Karhunern-Loeve 展开式为：

$$X_i^{(p)} = \mu^{(p)} + \sum_{r=1}^{\infty} \beta_{ri}^{(p)} \gamma_r^{(p)}, \ p = 1, \ 2$$

其中，$\mu^{(p)}$ 代表样本 p 的均值函数，$\beta_{ri}^{(p)} = \langle X_i^{(p)} - \mu^{(p)}, \ \gamma_r^{(p)} \rangle$ 表示互不相关的载荷因子，$\lambda_r^{(p)}$ 表示协方差矩阵的特征值，则 $\gamma_r^{(p)}$ 是特征值 $\lambda_r^{(p)}$ 对应的特征向量。满足以下条件：

$$E(\beta_{ri}) = 0$$

$$E(\beta_{ri}^2) = \lambda$$

$$E(\beta_{ri}\beta_{ki}) = 0, \ r \neq k$$

函数型数据的数据空间十分复杂，传统的统计分析方法通常无法实现对其深入研究，通过 Karhunern-Loeve 展开式的转换，随机函数 X 的结构与特征就可以通过对主成分函数及载荷因子的分析实现。Karhunern-Loeve 展开的实质是将相互正交的特征函数作为展开式的基函数，同

---

① Karhunern-Loeve 展开式在第 3.2.2 节进行了详细说明。

时，在计算上也具有良好的收敛性和均方误。

（4）函数型主成分分析的关键问题

函数型数据的分析有两个关键问题，一是主成分个数的确定，二是主成分的选取。根据上文的表达，在进行函数型主成分分析时，拟解决的问题为：寻找到 k 个正交的函数 ξ_k 来尽可能地拟合每条曲线的展开式函数：

$$\widehat{x_i}(t) = \sum_{k=1}^{K} f_{ik}\, \xi_k\,(\,t\,)$$

那么，选择什么样的正交基函数可以最小化函数型主成分误差（PCASSE）呢？其中，函数型主成分误差定义为

$$\text{PCASSE} = \sum_{i=1}^{n} \|x_i - \widehat{x_i}\|^2$$

寻找正交基函数的个数，即考虑主成分个数 k 的选取。而 k 的选取取决于很多因素，如原始数据中样本点的个数，以及对原始方程进行拟合的有效性等。既定特征根用基函数 $b(\,t\,)$ 展开的形式为

$$\xi_k\,(\,t\,) = b\,(\,t\,)^T \theta_\mu$$

其中，$b(t) = \{b_1(t),\ \cdots,\ b_q(t)\}^T$，是一个 q 维向量组成的基函数。θ_μ 是一个 q 维向量。基函数应满足正交化条件：

$$\int b\,(\,t\,)\, b\,(\,t\,)^T \mathrm{d}t = I_q$$

通常，交叉验证法可以用于主成分个数 k 的选择。

其次，也可以利用的算法的收敛性质为确定主成分个数 K 提供了一个天然的上确界（upper bound）。在算法的执行过程中，当所选取的

固定阶数（rank）大于真实阶数时，算法将无法收敛。产生收敛问题的原因在于，使用比真实阶数更高的阶数进行估计时，对于最高阶的主成分，将会产生许多零值的主成分得分进而得到不可逆的奇异矩阵。

值得注意的是，根据模型本身的收敛性可以确定一个 k 的上确界（sup）。但是在实证分析中，不仅应该考虑模型估计过程本身提供的信息，还应当考虑其对应的经济含义。主成分个数 k 应当使模型提供的信息足以充分解释实际数据中的变化，同时，主成分所体现的特征能够有效地对经济现象做出描述。理论上，k 的取值可以为[1,sup]之间的任意整数。但是，结合所研究的问题，在这一区间内，一方面，根据已有研究的经验规则，主成分的变化要能够解释总体变化的85%以上；另一方面，选取的主成分之间应在形态、大小等方面具有差异性才能有效地对数据特征进行刻画和描述。

3.2.2　Mercer 引理与 Karhunen-Loeve 展开式

1．Mercer 引理

Mercer 引理于 1955 年由 Rieaz 和 Sz-Nagy 提出，引理的内容为：

令$\{X(t): t \in T\}$是定义在(Ω, β, P)上的均方可积的随机过程，对所有$t \in T$均满足$EX(t)=0, E|X（t）|<\infty$。假设$T \in [0, 1]$，$x（t）$是一个定义在 T 上的随机过程，$x（t）$的协方差函数为$C(s, t)=$ $cov[x(s), x(t)]$，则存在连续的函数列$\{\varphi_n, n \geqslant 1\}$及单调递减的正数列$\lambda_n$，使得

$$C\left(s,\ t\right)=\sum_{n=0}^{\infty}\lambda_n\,\varphi_n(s)\varphi_n(t),\ s,\ t\in\left[0,\ 1\right]$$

其中，$\lambda_n\varphi_n(t)=\int_0^1 C\left(s,\ t\right)\varphi_n(s)\mathrm{d}s$，$\varphi_n$ 满足条件：

$$\int_0^1 \varphi_m(s)\,\varphi_n(s)\mathrm{d}s=\delta_{m,\,n}=\begin{cases}1,\ m=n\\0,\ m\neq n\end{cases}$$

且 $C\left(s,\ t\right)=\sum_{n=1}^{\infty}\lambda_n\,\varphi_n(s)\varphi_n(t)$ 在 $\left[0,\ 1\right]^2$ 上一致收敛，则

$$\sum_{n=0}^{\infty}\lambda_n=\int_0^1 C(t,\ t)\mathrm{d}t<\infty$$

2. Karhunen-Loeve 展开式

令随机变量 $X=\left\{X_t,\ 0<t<1\right\}$ 满足 $EX_t=0$ 且为二阶矩过程，且协方差函数 $C\left(s,\ t\right)$ 是连续的，则随机变量 X 可以表示为

$$X_t=\eta_n\varphi_n(t),\ t\in\left[0,\ 1\right]$$

其中，$\eta_n,\ n\geqslant 1$ 为不相关的随机序列，且 $E\eta_n=0$，$E\eta_n E\eta_m=\lambda_n\delta_{m,\,n}$。

在函数型数据的分析中，Mercer 引理表明，如果函数型数据 $x(t)$ 是一个定义在 T 上的随机过程，假定 $Ex(t)=\mu(t)$ 且协方差矩阵为 $K\left(s,\ t\right)=\mathrm{cov}[\mathrm{l}(s),\mathrm{l}(t)]$，如果满足 $\int K(t,\ t)\mathrm{d}t<\infty$，则存在一组正交的特征方程 f_k 和非负的非递增特征值 υ_k 满足

$$(Kf_k)(s)\stackrel{\text{def}}{=}\int K\left(s,\ t\right)f_k(t)\mathrm{d}t=\upsilon_kf_k(s)$$

$$K\left(s,\ t\right)=\sum_{k=1}^{\infty}\upsilon_k f_k(s)f_k(t)$$

$$\sum_{k=1}^{\infty} \upsilon_k = \int K(t,\ t)\mathrm{d}t$$

根据 Karhunen-Loeve 展开式则可以得到

$$x(t) = \mu(t) + \sum_{k=1}^{\infty} \sqrt{\upsilon_k}\xi_k f_k(t)$$

3.3 实证研究

3.3.1 模型设定

将函数型数据的主成分分析方法引入到股票市场资产价格变化的分析中。首先，将原始数据转化为平滑的随机曲线。然后，利用函数型数据的主成分分析，进一步讨论股票市场资产价格的变化。

由于资产价格的变化或波动过程本身是一个潜在的过程，无法直接观测，需要通过这一潜在过程的实现值同时估计多个资产的变化特征。利用函数型数据分析的思路，假定这组资产的价格变化共享一些特征，因而可以利用少数的主成分函数表示。通过把所有的单个资产放在一起同时对主成分进行估计，得到收益率变化的估计值。具体地，假定单个金融资产的对数收益率的波动可以表示成均值函数和主成分函数线性组合之和。使用函数性数据分析的样条函数对主成分分析进行建模，并利用惩罚函数控制数据的过度拟合。在此基础上，最小化目标函数来得到样条函数中需估计的参数，从而得到估计的均值函数和主成分函数，它们的和即估计的波动率。

经过上述计算过程，可以得到所有资产共享的主成分函数和主成分得分。主成分函数代表了所有资产波动的主要来源，也被称为风险因子。主成分得分则描述了波动性的变化，也被称为风险载荷因子。

关注一组资产的波动性曲线，用 $l_i(t)$ 表示，$i = 1, \cdots, N$。由于所考察的数据为按照时间排列的数据，可以看作函数型数据。但与传统的函数型数据不同的是，此处的函数型数据并不是能够直接观测到的值，而是一个随机过程的实现值。

令 $l_i(t)$ 为定义在闭集 Γ 上的一个独立的随机过程，均值为 $E(l_i(t)) = \mu(t)$，协方差核为 $K(s, t) = \text{cov}\{l(s), l(t)\}$，$s, t \epsilon \Gamma$，根据函数型数据方差过程的分解，当 $\int K(s, t) < \infty$ 时，根据 Mercer 引理，存在一组正交的特征方程 ψ_k 和非负非递增的特征根（υ_k），使得下式成立，$[K\psi_k(s) \overset{\text{def}}{=} \int K(s, t)\psi_k(t)t = \upsilon_k\psi_k(s)]$

$$K(s, t) = \sum_{k=1}^{\infty} \upsilon_k \psi_k(s)\psi_k(t)$$

$$\sum_{k=1}^{\infty} \upsilon_k = \int K(t, t)\, \mathrm{d}t$$

根据 Karhunen-Loeve 扩张引理，有

$$l(t) = \mu(t) + \sum_{k=1}^{\infty} \sqrt{\upsilon_k}\psi\xi_k\psi_k(t) \tag{3-3}$$

其中，$\xi_k \overset{\text{def}}{=} \frac{1}{\sqrt{\upsilon_k}} \int l(t)\psi_k(s)\mathrm{d}s$，$E(\xi_k) = 0$，$E(\xi_k\xi_l) = \delta_{k, l}$，$\text{k}, l \epsilon N$，且 $\delta_{k, l}$ 为克罗内克 δ 函数[①]（the Kronecker delta）。

---

① 克罗内克 δ 函数是一个二元函数：$\delta_{ij} = \begin{cases} 0, & i \neq j \\ 1, & i = j \end{cases}$

理论上通过式（3-3）可以得到对$l(t)$进行分解的所有特征根和对应的特征方程。然而在进行估计时，通常需要更为紧凑简洁的方程形式，因此，在估计时忽略式（3-3）中较小的特征根可以提高估计的效率。忽略较小的特征值后，得到紧凑形式（reduced rank）的模型：

$$l(t) = \mu(t) + \sum_{k=1}^{\infty} \psi_k(t)\alpha_{ik} = \mu(t) + \psi(t)^T \alpha_i, \ i = 1, \cdots, N \quad (3\text{-}4)$$

其中，$\psi(t) = \{\psi_1(t), \cdots, \psi_K(t)\}^T$，$\alpha_i = (\alpha_{i1}, \cdots, \alpha_{ik})^T$，$K$为一个确定的整数。

如式（3-3）所示[①]，$\mu(t)$为均值方程，ψ_k是第 k 个主成分（principle component，PC）的权重方程，α_k是第 k 个主成分对应的主成分得分（principle component score）。根据式（3-4），分位数曲线$l(t)$享有共同的均值函数和主成分权重方程，因而，估计时可以借助不同曲线之间的信息以提高估计效率。

在模型（3-4）中，对波动性曲线的估计转化为对均值函数$\mu(t)$，主成分权重函数和主成分得分的估计。在函数型数据分析的框架下，首先，利用惩罚样条函数将方程用基函数表示出来：

$$\mu(t) = b(t)^T \theta_\mu \quad (3\text{-}5)$$
$$\psi(t)^T = b(t)^T \Theta_\psi$$

其中，$b(t) = \{b_1(t), \cdots, b_q(t)\}^T$，是一个 q 维向量组成的 B-样条函数。θ_μ是一个 q 维向量，Θ_ψ是一个 $q \times k$ 的样条系数矩阵。B-样条函数应满足正交化条件：

---

① James 等（2000）、Zhou 等（2008）也使用了这种方法。

$$\int b\left(t\right) b\left(t\right)^{T} \mathrm{d}t = I_q$$

因此，模型的估计问题进一步转换维对样条系数矩阵Θ_ψ的估计。为保证模型的可识别性，假设Θ_ψ满足以下条件：

$$\Theta_\psi{}^{T}\Theta_\psi = I_k$$

上述两个方程同时也表示其满足一般情形下的主成分权重函数需满足的正交化条件：

$$\int \psi\psi^{T} dt = \Theta_\psi{}^{T}\int b\left(t\right)b\left(t\right)^{T}dt\Theta_\psi = I_k$$

记第 i 条曲线的观测值为$\{\left(t_{ij}, Y_{ij}\right\},j = 1, \cdots, T_i, i = 1, \cdots, N$。由式（3-4）和式（3-5），可以将第 i 条曲线表示为：

$$l_{ij} \stackrel{\text{def}}{=} l_i(t_{ij}) = b(t_{ij})^{T}\theta_\mu + \Theta_\psi \alpha_i \qquad (3\text{-}6)$$

为了便于计算，在对目标函数进行非对称的最小化时，将α_k视为固定的参数而非随机变化的值。同样地，为了保证模型的可识别性，假设α_k满足以下条件：

$$\sum_{k=1}^{\infty} \alpha_k = 0, \ 1 \leqslant k \leqslant K$$

$$\sum_{k=1}^{\infty} \alpha_{i1}{}^{2} > \cdots \sum_{k=1}^{\infty} \alpha_{iK}{}^{2}$$

对波动性曲线进行回归的损失函数为：

$$S = \sum_{i=1}^{N}\sum_{j=1}^{T_I}\{Y_{ij} - b(t_{ij})^{T}\theta_\mu - b(t_{ij})^{T}\Theta_\psi\alpha_i\}$$

3.3.2 数据与变量

（1）样本数据

本章所使用的数据来源于锐思金融研究数据库（RESSET）[①]，收集了上证 50 指数的 50 只成分股 2011 年 1 月 4 日至 2015 年 12 月 31 日共 1214 个交易日的股票日收益数据，样本覆盖的范围如表 3-1 所示。

表 3-1　样本区间说明

年份	开始日期	结束日期	交易日天数
2011	1 月 4 日	12 月 30 日	244
2012	1 月 4 日	12 月 31 日	243
2013	1 月 4 日	12 月 31 日	238
2014	1 月 2 日	12 月 31 日	245
2015	1 月 5 日	12 月 31 日	244

上证 50 指数自 2004 年 1 月 2 日发布以来，其成分股的构成不断发生着变化。在指数的维护方面，对指数每半年进行一次审核，并根据审核结果调整指数的样本股。[②]成分股发生变化或是由于指数编制所确定的规则，即一定时期内符合需求的股票才能进入指数的成分股，或是股票市场中出现的新股上市、合并、更名等。因此，对指数样本股票的收益率的数据梳理有以下两种方式：（1）以最近一期的指数成分股为准，考察其在整个样本期间内的表现；（2）以整个样本期间一直属于指数样本股的股票为准。虽然截至目前上证 50 指数可获得数据

[①] 锐思金融研究数据库（www.resset.cn）

[②] 详细的上证 50 指数编制与指数维护规则参见 http://www.csindex.com.cn。

的时间区间为 2004 年 1 月 4 日至 2015 年 12 月 31 日,但 2011 年至 2015 年指数样本股变化相较于 2004—2010 年的指数成分股更为稳定。因此,为了尽可能地保留数据的信息和分析的可比性与有效性,选取 2011 年 1 月 4 日至 2015 年 12 月 31 日期间一直属于上证 50 指数成分股的股票作为样本数据。[①]

综上所述,根据上证 50 指数的编制原则,指数的成份股根据股票和市场的情况进行定期调整。本部分的实证研究,考察了满足以下条件的样本以保证样本的一致性和分析的实效性:属于 2015 年上证 50 指数成分股且 2011 年至 2015 年一直存在的股票,共 48 只股票。剔除的两只股票为 2011 年至 2015 年期间新发行的股票。

(2)股票日收益率的波动率曲线

与已有研究相一致[②],用 p_t 表示股票当日的收盘价格, p_{t-1} 表示前一日的收盘价格,则股票逐日计算的收益率表示为

$$R_t = \frac{p_t - p_{t-1}}{p_{t-1}}$$

那么,股票日收益的对数收益率可以表示为

$$r_t = \log\left(\frac{p_t}{p_{t-1}}\right) = \log(1 + R_t)$$

考虑股票日收益对数收益率的绝对值 $|r_t|$,在函数型数据分析方法下,股票日收益率波动性 $V_i(t)$ 表示为

---

① Zhiliang g,Yalin 和 Peng(2014)仅选取了 2013 年上证 50 指数样本股票一年的月度收益率数据。

② 如 Ingrassia 等(2009)、Muller 等(2011)、毛娟(2008)、徐佳(2009)、曲爱丽(2009)等。

$$V_i(t) = \mu(t) + \sum_{k=1}^{\infty} \xi_{ik}\phi_k\ (t)$$

$$r_i\ (t_j)\ = \log\left(\frac{p_{i\,(t_j)}}{p_{i-1}\,(t_j)}\right)$$

其中，i 表示第 i 只股票，$i = 1$，$\cdots$，n。在选取的样本中，$n=48$。第 i 只股票就的波动率过程 V_i（t）是一个平滑的函数型波动率过程，因此可以利用函数型数据主成分分析将其分解为均值函数和主成分函数之和的形式。均值函数 $\mu(t)$ 表示股票日收益波动性的均值函数，代表波动性平均水平的大小。ϕ_k（t）代表满足正交化条件的特征函数，ξ_{ik} 则为主成分的得分。

通过代入样本数据，单只股票收益率的逐日波动率则表示为日对数收益率的绝对值。将每一只股票的日收益波动率序列视为一条函数型数据构成的曲线，股票价格的波动率具有函数型数据的特征，那么考察上证 50 指数成分股波动性的问题就转化为考察 50 条股票对数收益波动率曲线的特征。

在 48 只样本股票中随机选择四只股票，如图 3-1 所示，横轴代表 2011 年至 2015 年的 1214 个交易日，黑色圆点描绘了四只股票的收益率 R_t，红色曲线则描绘了对数收益率 r_t 的绝对值。纵轴 [y,i] 表示样本矩阵 y 中的第 i 只股票的情况。从图中可以看到，对数收益率 r_t 的绝对值可以较好地反映股票收益率 R_t 上下波动的幅度。同时，不同股票的收益率运动轨迹各不相同，且并没有固定的趋势。此外，股票的收益率均会出现一些剧烈的波动。

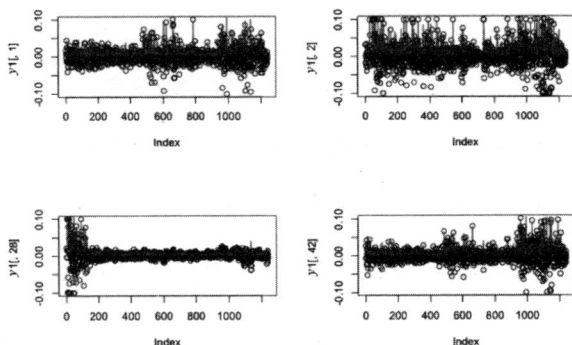

图 3-1　随机选择四只股票的收益率及其波动的轨迹

3.3.3　实证结果分析

根据式 3-3 至式 3-5 的模型设定,利用函数型主成分分析方法和最小化目标函数的估计过程, 可以得到每一条曲线 i 的分解形式:

$$\widehat{l_\iota} = B\widehat{\theta_\mu} + B\Theta_\psi\widehat{\alpha_\iota}$$

即每一只股票的收益率曲线都可以表示成共享的均值曲线与反映个体特征的主成分因子之和。均值函数 $B\widehat{\theta_\mu}$ 为 48 只股票的收益率波动曲线波动的平均水平或共同趋势。$B\Theta_\psi\widehat{\alpha_\iota}$ 代表反映 48 只股票的收益率曲线变动的因素。主成分函数 Θ_ψ 表示变动因素中所有个体共享的特征, 其经济含义为所有个体所共同面临的变动因素或结构。而收益率波动曲线个体的特征则通过主成分函数载荷因子 $\widehat{\alpha_\iota}$ 反映, 其反映的经济含义为个体对于所面临共同因素的不同反应, 代表了个体差异, 反映了个体的随机波动。因此, 通过实际数据的估计, 可以得到三方面的重要信息: 所有股票波动的共同趋势如何, 即 $B\widehat{\theta_\mu}$ 的水平; 股票波动共同的变动因素是怎样的, 即 Θ_ψ 函数的形态; 不同股票对于这些信息的反应有什么特征，即 $\hat{\alpha}_i$ 的特征。

本部分首先对整个样本期间 48 只股票收益率波动的情况，对 2011 年至 2015 年上证 50 指数成分股收益率波动的总体特征进行了详细分析。随后，将样本区间按年份分为五个子区间，通过主成分函数形态的变化，对股票收益率波动结构的年际变化进行了详细分析。

（1）全样本分析

首先，考察股票波动均值函数的估计结果。利用 48 只股票在 1214 个交易日的股票收益率波动进行估计，得到的全样本波动率均值函数如图 3-2 所示。1214 个交易日对应的年份如表 3-2 所示。

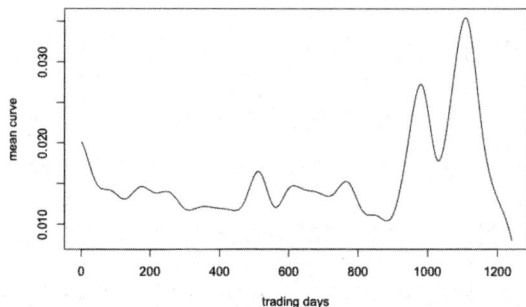

图 3-2　估计的全样本波动率均值函数

表 3-2　交易日与年份对应表

年份	2011 年	2012 年	2013 年	2014 年	2015 年
交易日区间	[1,244]	[245,487]	[488,725]	[726,970]	[971,1214]

所有样本股票波动的平均水平在 2014 年以前较为平稳，而 2014 年之后波动的平均水平迅速上升。第 900 个交易至第 1214 个交易日之间的波动趋势呈现出双驼峰形态，结合股票市场的背景信息，2014 年

9 月至 2015 年 4 月，中国的股票市场出现了上涨趋势且上涨的幅度较大，而 2015 年 4 月至 5 月，市场已经运行到较高的位置处于上涨空间几乎饱和的平缓状态因而波动较小。2015 年 6 月，股票市场开始大幅下跌，波动的平均水平再次迅速上升。而 2012 年至 2013 年，中国的股票市场仅有较小幅度的波动，处于相对平稳运行的状态。模型估计所提取的股票收益率波动的均值函数较好地反映了市场的实际情况，而曲线的平滑性使得对总体变化趋势的把握更为直观。

　　然后，分析股票波动的主成分函数。根据估计结果，提取最主要的五个主成分函数，主成分的轨迹如图 3-3 所示。第一主成分函数表现为向右下方倾斜且凹向原点的凹函数，取值为负。第二主成分函数较为均匀地分布在-1 至 1 之间，接近线性，同样也向右下方倾斜。第三主成分函数呈明显的 U 型结构。第四主成分函数表现为 S 型。而第五主成分则表现出震荡的形态。

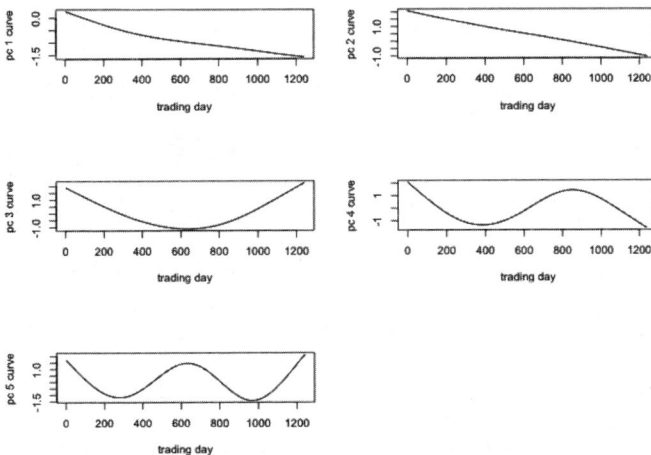

图 3-3　全样本的五个主成分函数

　　此外，考察估计的风险载荷因子特征。风险载荷因子代表不同股票对于由主成分函数所代表的主要变动因素的反应，载荷因子符号显示对变动因素反应的方向，载荷因子的大小则显示反应的程度。载荷因子提供的信息揭示了收益波动过程中不同股票的个体差异性特征。

　　结合主成分函数进行分析，可以得到不同股票在波动过程中变动的特征。当主成分个数为5时，估计的第一主成分函数在第1至第1214个交易日期间为一条取值在-1.5到0之间的向右下方倾斜且凹向原点的凹函数（图3-3）。那么，波动率风险载荷因子为正时，表示该股票的第一变动因素倾向于低于波动的均值水平，且减小的幅度随着时间推移增加；载荷因子为负时，表示该股票的第一变动因素倾向于高于波动的均值水平，且增加的幅度随着时间推移增加。而在相同符号的载荷因子之间，则显示了对主成分反应的程度。如第1只股票和第3只股票的载荷因子分别为0.0016和0.0009，均为正，但第1只股票的载荷因子绝对值大于第3只股票载荷因子的绝对值，说明在同样的反应方向上，第1只股票对第一主成分反应的程度大于第3只股票。

　　如前所述，载荷因子揭示了股票对变动因素反应的个体特征，因此，对股票收益率波动曲线的分解不仅揭示出波动过程平均水平的大小和变化的基本趋势，还利用函数型数据的主成分分析提取出最重要变动因素的具体形态。根据对具体变动因素的反映，可以对股票的变动因素反馈特征进行分类，反映它们在收益率波动过程中的风险特征。

　　如图3-4和图3-5所示，根据所有样本股票对主成分函数的不同反应，股票在这一特征有明显的聚类特征。图3-4对第一主成分的载荷因子聚类特征进行了分析，左上角描绘了所有股票第一主成分与第二主成分的分布图，股票的第一主成分载荷因子和第二主成分载荷因子主要集中在第一象限和第三象限，说明大部分股票对于第一主成分和第二主成分的反应是相互对冲的，而有三只股票出现在第一象限的边角处，说明这三只股票在收益率波动过程中出现了"一边倒"的情况，在市场的实际表现中其收益率的波动倾向于一直收敛到整个市场波动的平均水平，呈现强烈的顺周期趋势。而对于代表变动因素的第三主成分、第四主成分和第五主成分，可以发现，参照股票第一主成分的反应，对第三主成分的反应主要集中在第一象限和第二象限，对第四主成分的反应主要集中在第三象限和第四象限。而对第五主成分的反应则围绕原点相对分散，这说明所有股票在第五主成分上的个体差异较明显。

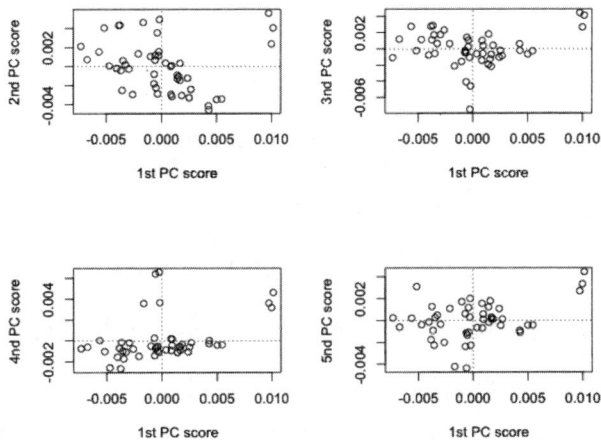

图 3-4　第一主成分的载荷因子聚类特征

按照同样的逻辑，以第二主成分载荷因子为基准，对所有股票的第二主成分载荷因子聚类特征进行了分析。如图 3-5 所示，所有股票在第三主成分和第四主成分的第二象限与第四象限分布较少，且相较于以第一主成分载荷因子为参照时更为分散。但是，第五主成分载荷因子主要沿着第一象限和第三象限向右上方倾斜的区域分布，而第一象限和第三象限的符号相同，说明大部分股票对第二主成分和第五主成分的反应存在协同效应。

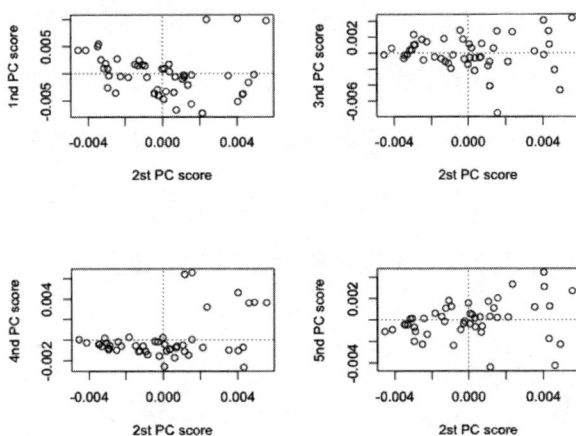

图 3-5　第二主成分的载荷因子聚类特征

（2）子样本分析

为了分析主成分函数在时间上的变化或差异，将样本按照年份分为五个子样本并利用所建立的模型分别对其进行估计。估计的均值函数与主成分函数如图 3-6 和图 3-7 所示。2015 年的均值函数高于其他四个年份，但均值函数的变化的幅度较大，呈现出尖峰形的起伏。

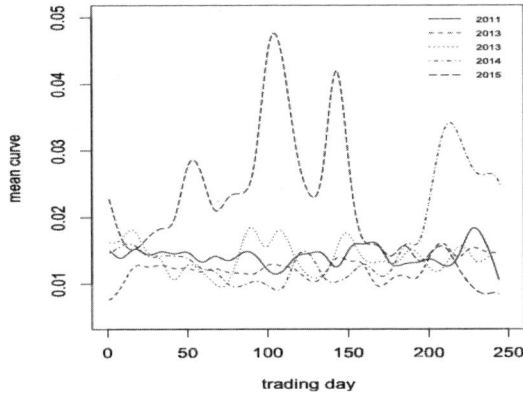

图 3-6　均值函数比较（2011 年至 2015 年）

图 3-7 对比了 2011 年至 2015 年不同年份的主成分因子变化。在 2011 年至 2015 年子样本中，第一主成分函数始终为正，但在 5 年中第一主成分函数的形态变化较大。第二主成分较为稳定，除取值范围有所差异外，始终保持了向右下方线性倾斜的形态。第三主成分在 2013 年发生了变化。而第四和第五主成分在 5 年中保持了较为稳定的结构。可见，第一主成分函数是 5 年股票收益率波动中变化最大的因素。

2011 年、2014 年和 2015 年，第一主成分函数均呈现下降的趋势，但 2011 年的第一主成分函数线性程度更高，2014 年和 2015 年函数更为弯曲。2012 年，第一主成分函数先缓慢上升然后下降，而 2013 年第一主成分函数呈现上升的趋势。因此，股票收益率波动的结构在 2013 年出现了较大的变化。

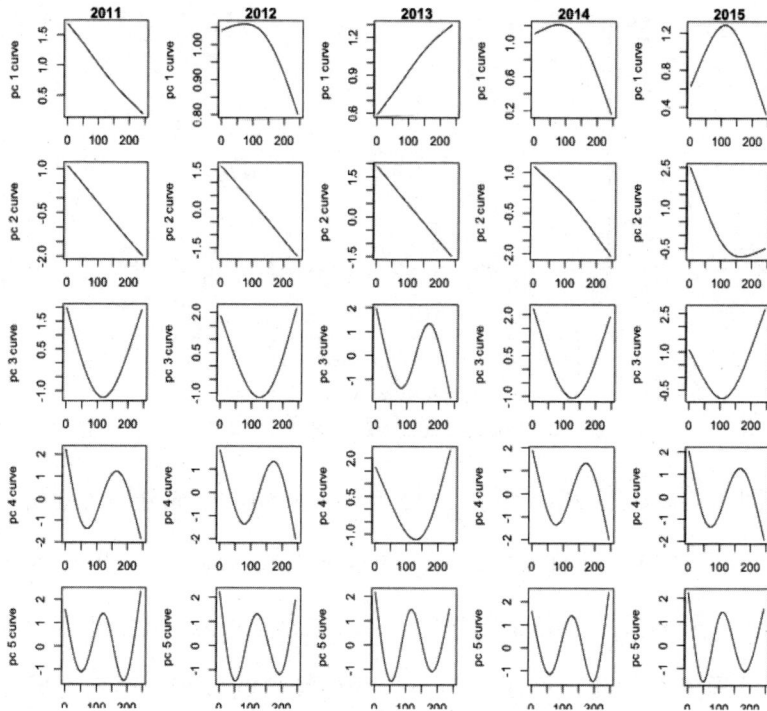

图 3-7　估计的波动率主成分函数比较（2011 年至 2015 年）

　　从估计的均值函数轨迹中，2011 年至 2015 年的股票收益率的波动经历了从平缓到剧烈波动两个阶段。将样本区间划分为波动相对平缓的阶段和波动较为剧烈的阶段，以考察波动过程在平缓和剧烈阶段的结构差异。令交易日区间 $T_1 = [1，840]$ 表示波动平缓阶段，$T_2 = [841，1214]$ 表示波动较大阶段。对两个阶段分别进行估计的均值函数如图 3-8 所示。两个阶段不仅波动过程的平均水平差异明显，即平缓阶段收益波动曲线的均值函数明显低于剧烈阶段波动函数的均值，而且波动过程的变化因素即波动过程的内在结构也发生了明显变化。前一种变化往往能够更为直观地观测到，但后一种结构性的变化则需

要通过对波动过程的进一步分解才能较为直观地体现。图 3-9 对两个
阶段波动过程的主要变动因素即主成分函数进行了比较。

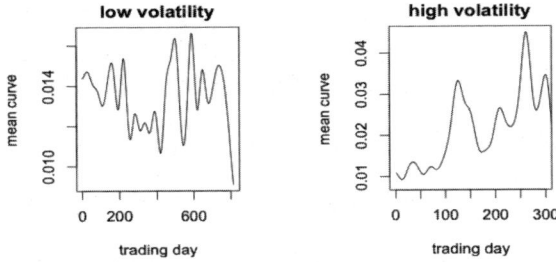

图 3-8　平缓阶段与波动阶段主成分函数比较

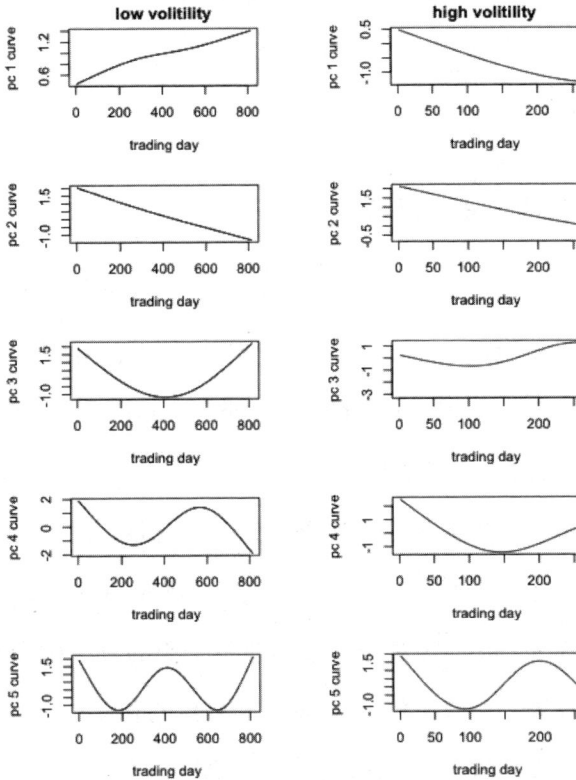

图 3-9　平缓阶段与波动阶段主成分函数比较

图 3-8 分别描绘了五个主成分函数在波动平缓阶段T_1和波动剧烈阶段T_2的形态。对比了两个阶段主成分函数的形态可以发现，第一主成分函数、第三主成分函数和第四主成分函数的形态均发生了显著变化：第一主成分函数从向右上方倾斜变为向右下方倾斜且尾部上翘，第三主成分函数由倒 U 型变为向上弯曲的凸函数，第四主成分函数则由相对称完全的曲线变为向下弯曲的凹函数。因此，无论是代表波动过程中趋势因素的主成分函数，还是代表波动过程中变化因素的主成分函数，在波动的平缓和剧烈阶段波动过程的变化存在结构性差异。

3.4　聚类分析

3.4.1　聚类分析的原理

聚类分析（clustering analysis）是指将物理或抽象对象的集合分组为由类似的对象组成的多个类的分析过程。其中，"聚类"通过把目标数据放入数量较少的相对同源的组或"类"（cluster）里，它是研究"物以类聚"的一种科学有效的方法。

聚类分析的一般方法是：先确定聚类统计量，然后利用统计量对样品或者变量进行聚类，对 n 个样品进行聚类的方法称为 Q 型聚类，常用统计量称为"距离"；对 m 个变量进行聚类的方法称为 R 型聚类，常用统计量称为"相似系数"。根据不同的目的和要求，可以选择不同的统计量和聚类方法。通常，可以按照不同的"类"将原始数据"聚"成新的分类。

其基本思路为将待聚类的 n 个样本或者变量分别视为一类，共有 n 类；然后按照实现选定的方法计算每两类之间的聚类统计量，即某种距离或者相似系数，将关系最为密切的两类合为一类，其余不变，即得到 n-1 类；再按照前面的计算方法计算新类与其他类之间的距离或者相似系数，再将关系最为密切的两类并为一类，其余不变，即得到 n-2 类；如此下去，每次重复都减少一类，直到最后所有的样本或者变量都归为一类为止。

常见实现聚类分析的方法有五种：划分方法、层次方法、基于密度方法、基于网格方法和基于模型方法。

（1）划分方法（partitioning method）。首先创建 k 个划分，k 为要创建的划分个数；然后利用一个循环定位技术通过将对象从一个划分移到另一个划分来帮助改善划分质量。典型的划分方法包括：K-means 聚类法、K -medoids 聚类法等。

（2）层次方法（hierarchical method）。层次方法是创建一个层次以分解给定的数据集。该方法可以分为自上而下（分解）和自下而上（合并）两种操作方式。为弥补分解与合并的不足，层次合并经常要与其他聚类方法相结合，如循环定位。通过把用最紧密关联的谱来分类基因进行样本聚类，同时可以扩展到每个实验样本，利用一组基因总的线性相关进行聚类。

典型的这类方法包括：BIRCH（balanced iterative reducing and clustering using hierarchies）方法、CURE（ clustering using reprisentatives ）方法等。前者首先利用树的结构对对象集进行划分，然后再利用其他

聚类方法对这些聚类进行优化。后者利用固定数目代表对象来表示相应聚类，然后对各聚类按照指定量（向聚类中心）进行收缩。此外，还有通过聚类间的连接进行聚类合并和在层次聚类时构造动态模型的方法。

（3）基于密度方法。基于密度方法根据密度完成对象的聚类，根据对象周围的密度不断增长聚类。典型的基于密度方法包括：DBSCAN（densit-based spatial clustering of application with noise）法和 OPTICS（ordering points to identify the clustering structure）法。前者通过不断生长足够高密度区域来进行聚类，从含有噪声的空间数据库中发现任意形状的聚类，将一个聚类定义为一组"密度连接"的点集。后者则并不明确产生一个聚类，而是为自动交互的聚类分析计算出一个增强聚类顺序。

（4）基于网格方法。首先将对象空间划分为有限个单元以构成网格结构，然后利用网格结构完成聚类。典型的基于网格方法包括：STING（STatistical INformation Grid）法、CLIQUE（Clustering In QUEst）法和 Wave-Cluster 法，第一种方法利用网格单元保存的统计信息进行基于网格进行聚类，第二和第三种方法则把基于网格与基于密度相结合。

（5）基于模型方法。即假设每个聚类的模型并发现适合相应模型的数据。典型的基于模型方法包括统计方法 COBWEB，对输入对象采用符号量（属性-值）成对地进行描述，使用分类树的形式来创建一个层次聚类。

　　本章的分析中，拟使用利用函数型主成分分析提取出的主成分函数和载荷因子作为"基因"进行聚类。载荷因子代表个股对市场主要变动因素的反应程度，因此，可以根据载荷因子的聚类情况来选择股票，构建符合一定特征的投资组合。选取 K-means 聚类方法来对上证 50 指数的成分股进行聚类分析，通过重复再分配类成员来使"类"的内部分散度最小化。

3.4.2　K-means 聚类分析的算法

　　根据函数型主成分分析的结果，不同股票在代表共同趋势的共享函数的基础上，对不同的主成分有不同的载荷因子。载荷因子代表了股票中对变动因素反应的差异性因素。利用函数型主成分分析所得到的载荷因子 $\hat{\alpha}_i$，对上证 50 指数的成分股进行聚类分析。

　　MacQueen（1967）提出 K-means 聚类分析法，将 K-means 作为解决聚类问题最简单的算法之一。它的主要思路是分别对 G 个类别定义 G 个中心点。中心的位置会对结果造成重要的影响，因此，这些中心需要以合理的方式设定。然后，可以根据以下步骤进行聚类分析：

　　第一步，将 G 个点投放到拟进行分组的对象中，将这些点作为初始的中心点。

　　第二步，将每一个对象分配到离中心点最近的组别中。

　　第三步，所有的对象分组完毕后，重新计算到中心的距离。

　　第四步，重复第二至第三步，直至所计算的距离收敛。根据到中心距离最短的原则，实现对象的分组。

定义载荷因子函数为α，那么进行最小化的目标函数就是最小化载荷因子（loading factor）函数的误差和 LFSSE

$$\min \text{LFSSE}（G）\sum_{g=1}^{G}\sum_{l=1}^{n_g} d_{lg}^2$$

其中，d_{lg}^2为欧拉距离的平方，$\widehat{\alpha_{lg}}(t_{j_1} - t_{j_2})$代表上证 50 指数成分股中第 1 只股票在第 g 个组别中的载荷因子函数估计值。

$$d_{lg}^2 = \left| \widehat{\alpha_{lg}}(t_{j_1} - t_{j_2}) - \overline{\widehat{\alpha_{lg}}}(t_{j_1} - t_{j_2}) \right|^2$$

$$\overline{\widehat{\alpha_{lg}}}(t_{j_1} - t_{j_2}) = \frac{1}{n_g}\sum_{l=1}^{n_g} \widehat{\alpha_{lg}}(t_{j_1} - t_{j_2})$$

即$\overline{\widehat{\alpha_{lg}}}(t_{j_1} - t_{j_2})$代表载荷因子函数估计值在第 g 个组内的平均值。在进行 K-means 聚类时，首先需要确定聚类组别的个数 G，通常可以通过一个同质性置信标准来决定。但是在进行同质性分类的同时最小化载荷因子的误差函数和 LFSSE 会导致最后分组的结果等于样本的数量，即有多少个观测对象就分为了多少组，此时 LFSSE=0。这样的结果违背了进行聚类分析的初衷。因此，可以考虑使用一些方法来控制这种情况的出现。一种直观和常用的方法是对变异程度的下降进行 F 检验，检验的统计量为：

$$F = \frac{\text{LFSSE}(G) - \text{LFSSE}(G+1)}{\frac{\text{LFSSE}(G+1)}{n-G-1}}$$

分别计算设定 G 个分类组别和 G+1 个分类组别时变异程度下降的相对幅度，对比这种变异程度的下降与平均方差的增加。所得到的 F 统计量的自由度分别为 p 和$p(n-G-1)$，p 表示在(s,t)20 世纪发生的次数。如果 F 检验所得到的 p 小于临界值，则表明拒绝原假设，应当增加一个分组。反之，则不再增加分组的个数。需注意的是，这里无须验证数据是否服从 F 分布。Hartigan（1975）确定的一个经验原则是统计量大于 10。

3.4.3　聚类分析的实证结果

本部分对上证 50 指数的 48 只成分股 2011 年至 2015 年的股票收益率数据进行聚类分析。如前所述，基于 3.3.3 的实证分析结果，根据估计的载荷因子函数进行聚类。在函数型主成分分析中，所选取的主成分个数为 5 个，在此，仅展示根据第一主成分函数的载荷因子函数进行聚类的结果。由于第一主成分解释了最主要的变动因素，因而考察第一主成分函数的载荷因子聚类，可以反映出单只股票对市场最主要波动因素的反馈，而据此对股票进行分类可以区分出对市场信息反馈的差异。这种分类方法与仅区分载荷因子的符号相结合，能够帮助投资者在区分股票类别的同时，确定出单只股票反馈方向和幅度，从而增加了市场判断的信息量。

使用载荷因子和 5% 的置信水平，在所考察的 48 只股票中，41 只股票拒绝了 $\hat{\alpha}_i = 0$ 的原假设，即股票的收益率与变动的主要成分没有关系。因此，41 只股票的收益率波动都与第一主成分函数显著相关。利用具有显著相关关系的股票样本进行聚类分析。由于 F 统计量并没有大于 10，Hartigan 原则并不适用。根据自由度调整的 F 统计量在 5% 的置信水平下接近于 1（0.9021）。

使用 K-means 算法和平方欧拉距离，可以得到表 3-3 所示的聚类结果。当类别个数 G 为 6 时，P-value 大于 0.5，无法拒绝原假设，即没有必要将分类个数增加至 6 个，选取 5 个聚类类别即可。按照 5 个类别对 41 只股票进行聚类的具体结果如表 3-4 所示，其中，股票编码与股票代码及股票名称的对应关系参见附录。

表 3-3 组别个数 G 的确定

聚类组别个数 G	LFSSE	F	P-value
2	948.23	0	0
3	832.35	2.6909	0
4	759.46	2.2538	0
5	734.66	2.2173	0
6	731.51	0.9021	0.9249

表 3-4 上证 50 指数成分股的聚类分析结果

第 g 个组	股票编号	第 g 个组	股票编号	第 g 个组	股票编号	第 g 个组	股票编号
不显著	1	1	3	2	37	3	44
	39		14		5		40
	29		19		47		28
	36		6		21		43
	20		27		16		23
	4		9		30	4	34
	46		15		12		26
			13		38		18
			48		10		42
			33		17		25
			31		22	5	41
			35				

3.5　本章小结

本章对函数型主成分分析的理论背景进行了详细的介绍，利用函数型主成分分析的方法对上证 50 指数的成分股进行了实证分析，讨论了其横向和纵向变化的特征。

在实证分析方面，利用所建立的模型，对 2011 年至 2015 年共 1214 个交易日的上证 50 指数成分股票日收益率的波动过程进行了分析，详细考察了各样本股票的均值函数和主成分函数在不同年份、不同波动水平上形态的变化以及各样本股票的载荷因子的聚类特征。研究结果发现，中国股票市场在 2011 年至 2015 年间，不仅波动的平均水平发生了显著变化，波动过程的变化因素即波动过程的内在结构也在逐渐改变。前一种变化往往能够更为直观地观测到，但后一种结构性的变化则需要通过对波动过程的进一步分解才能体现，而已有文献对此的讨论并不多。因此，本章的实证分析从函数型数据分析的视角为中国股票市场的股票收益率变化特征的研究提供了新的实证证据，对变化过程的分解对于理解金融市场中波动的结构性变化具有十分重要的参考价值。

利用函数型主成分分析所得到的主成分函数和载荷因子对 48 只股票进行了聚类分析。实证结果显示，利用载荷因子所提供的信息和 K-means 聚类法可以有效地将上证 50 指数的成分股分为 5 个类别，据此选取股票建立投资组合可以有效对股票的特征进行分类。因此，将函数型主成分分析和聚类分析相结合可以用于投资组合的构建，具有可操作的实践价值。

　　金融数据的高维特征是统计方法在金融应用中面临的一个难题，函数型数据分析方法在有效处理和应对"维数诅咒"难题上具有显著的优势。本章的研究结果显示，基于函数型数据分析的思想、利用合理的计算方法对多个股票资产收益率的变化特征同时进行分析是切实可行的。探索将函数型数据分析方法拓展至更多的金融应用领域，使其成为解决金融数据分析问题的一项有利工具，无论对于理论方法研究还是实践应用都具有重要的意义。

第4章 基于函数型数据的股票市场波动率研究

4.1 引言

2015 年中国股票市场出现的大幅波动无论对于投资者还是监管者都是一项艰难的考验。金融资产的波动性是金融风险管理和资产定价研究的重要方面。对股票市场波动的研究，有利于把握微观层面和宏观层面经济运行的情况。理解和认识股票市场的波动性、了解市场运行规律是有效开展金融投资活动及金融风险管理活动的重要依据，研究和探索分析股票市场波动性的方法具有重要的理论价值和实践意义。

从微观角度而言，投资与风险管理活动必须以对股票价格波动的评估和预测为依据。投资活动需要根据市场情况及时地对资产价值进行评估，因而资产收益波动的准确描述和刻画十分关键。而风险管理活动则要求基于波动的描述对未来的情况进行预测。从市场参与主体的角度，上市公司的管理者、股票资产的投资者都越来越重视对相关价格波动的评估和预测。对管理者而言，上市公司股票价格的波动是其自身经济状况以及与外部经济环境互动结果的反映。管理者可以通过分析股票价格波动特征和规律调整企业的经营活动。对投资者而言，股票价格的波动是投资者参与股票市场的基础，也是制定投资策略的关键依据。

从宏观角度而言，股票的市场价格成为体现股票市场发展状况的关键指标，通常被认为是经济发展状况的"晴雨表"。由于股票市场的波动性与流动性、交易成本、信息流动等重要的市场因素紧密联系，因而综合地反映了股票市场的交易行为、市场状况和运行效率。同时，股票价格反映了投资者对上市公司实体、经济环境等方面的未来预期，通常能够提前反映经济周期的变化，是宏观经济运行的一个先行指标。

同时，随着信息通信和数据存储技术的发展，金融市场的高频数据普遍应用，股票市场的交易环境和价格行为也随之发生变化。现有的波动率计算方法在新的信息和数据背景下产生许多不足之处。探索如何更好地利用高频数据提取股票市场波动的特征，如何对股票市场的波动率进行更有效的估计和预测，如何基于新的数据和经济环境分析中国股票市场的波动特征十分重要。

本章将函数型数据分析的方法引入到金融资产波动性的研究中，从函数型方差过程的视角考察股票市场的变化。一方面尝试利用函数型方差过程的概念研究股票波动性的特征；另一方面利用函数型数据共同主成分分析的思想，对股票波动性进行分解，从而详细地分析不同市场运行情况下股票价格波动的内在结构特征及其变化。利用函数型数据分析的思想处理了高维数据的"维数灾难"问题，尝试从高频金融数据中提取更丰富的股票市场价格波动特征。

区别于已有研究，本章利用函数型数据的思想通过对曲线特征进行建模的角度衡量金融市场的风险，为研究金融风险测度提供了新的视角。将函数型方差过程的概念引入到股票市场波动率的分析中，从函数型数据的视角对我国股票市场的波动率特征进行了探索。利用不同股票之间的相关性以及函数型主成分分析的降维思想，建立了一种将 GARCH 模型和函数型数据分析相结合的波动率模型。在对股票收益波动率利用 GARCH 模型建模的基础上，引入函数型数据的主成分分析，更有效地利用了股票之间的相关信息，提取出更丰富的股票波动率的特征。

4.2　文献回顾

4.2.1　股票日间波动率

收益和风险是金融市场相互关联的核心变量，而风险的量化通常用资产市场价格的波动率来衡量。研究者们普遍认为，收益波动率承载了关于金融计量和风险管理的重要信息，因此，波动率的建模是金融市场相关研究的一个重要方面。如果能够精确预测金融资产的波动率，则可以更有效对金融风险进行管理。在金融投资和风险管理的实践中，准确地估计与预测波动率也十分重要。随着金融计量技术不断发展，国内外关于波动率的研究和应用发展迅速。

目前，已有研究中刻画金融资产波动率的模型可大致归类为三种：传统波动率模型、隐含波动率模型和已实现波动率模型。

第一种传统波动率模型以自回归条件异方差（ARCH）模型和随机波动率（SV）模型为代表。ARCH 模型最早由 Engle（1982）提出，在金融资产波动率建模中得到了广泛应用，提供了度量金融资产波动率的有效工具。估计方法上，ARCH 模型使用参数估计模型，因而具有较快的收敛速度以及模型解释简洁清晰的优点。但是，其可能存在模型设定方面的问题导致产生不一致的估计量。

SV 模型最早由 Taylor（1982，1986）基于离散时间提出，而连续时间 SV 模型则由 Hull 和 White（1987）提出。SV 模型在模型设定方面具有更好的灵活性，如 Harvey（1998）和 Breidt 等（1998）允许模型设定中的长记忆，而 Harvey 和 Shephard（1996）则考虑了非对称性。其中，Harvey（1998）所提出的模型是目前最为常用的模型之一。

ARCH 模型和 SV 模型的主要区别在于是否存在潜在变量（latent variable）的问题。SV 模型包含潜在变量，估计较为困难，因而在实证研究中，SV 模型不如 ARCH 模型应用广泛。

第二种隐含波动率（implied volatility，IV）模型是根据资产定价的理论模型倒推得出波动率的建模方法。由于其依赖于理论模型的假定，而这些假定通常与实际数据的特征不符，通常存在一定偏误。Britten Jones 和 Neuberger（2000），Jiang 和 Tian（2005）对这一问题进行了改进，提出了无模型隐含波动率（model-free implied volatility，MFIV）。

　　第三种已实现波动率模型中的波动率测度是已实现波动率
（realized volitility，RV）和已实现极差波动率（realized range-based
volitility，RRV）的统称。已实现波动率由 Andersen 和 Bollerslev（1998a）
提出，而已实现极差波动率由 Christensen 和 Podolskij（2007），Martens
和 van Dijk（2007）提出。近年来，Andersen 等（2003），Andersen、
Bollerslev 和 Meddeahi（2004），Koopman 、Jungbacker 和 Hol（2005）
等实证研究认为，高频数据环境下的已实现波动率模型优于传统波动
率模型。

　　上述三种模型中，ARCH 模型和 SV 模型主要基于日间收盘信息
来建模，是日间波动率（inter-day volatility）建模的经典模型。而已实
现波动率模型通常是针对日内的收益率价格信息对日内波动率
（intra-day volatility）进行建模。而从模型估计方法看，第一种和第二
种波动率模型属于参数类模型，而第三种属于非参数模型。

　　也有部分文献直接利用非参数方法计算波动率。例如，Foster 和
Nelson（1996）提出的滚动样本波动率估计量，Fan 和 Wang（2008）
与 Kristensen（2010）使用的核函数法，Mancino 和 Sanfelici（2008）、
Malliavin 和 Mancino（2009）使用的边界分析法，Genon-Catalot 等
（1992）小波分析法，以及 Bandi 和 Reno（2008）提出的可积波动率
的差分法以及 Ogawa 和 Sanfelici（2008）提出的两步排齐法等。上述
方法均属于完全的参数法，即波动过程并局限于是一个关于状态变量
的函数。而还有一类分析波动率的方法则是将波动过程作为状态变量
的函数，然后使用非参数方法分析，如 Florens-Zmirou（1993），Bandi

和 Phillips（2008）以及 Reno（2008）等。

国内学者也对股票波动率模型展开了研究。许多文献使用传统模型对中国金融市场的风险测度进行了实证分析，如魏宇（2007），徐炜和黄炎龙（2007），林宇等（2009）等。而余素红和张世英（2002）也从实证角度对比了 SV 模型和 GARCH 模型对金融时间序列建模的效果。黄后川和陈浪南（2003）利用高频数据对中国股票市场的波动率进行了研究。周杰、刘三阳和邵锡栋（2007）提出一种基于样本分位数回归的条件自回归拟极差模型来估计波动率。邵锡栋和殷炼乾（2008）使用已实现极差与已实现波动率对我国金融市场风险进行了研究。龙瑞等（2011）利用日内高频数据基于经典已实现波动率而非 GARCH 类模型，使用已实现极差波动率与已实现双幂波动率对股指期货波动测度进行了考察。国内亦有相当的文献使用非参数的方法研究波动率，如金成晓和曹阳（2014），蔡井伟和陈萍（2015）等。

随着金融计量技术和相关研究的不断发展，国内外学者对波动率的研究与应用发展十分迅速。

4.2.2　股票日内波动率

近年来，金融市场的相关研究中，对金融高频数据的关注和使用越来越普遍。无论是国际市场中对外汇汇率和股票的研究，还是国内市场对股票、期货的研究都涉及超高频数据（日内数据）的使用，对超高频金融数据的建模则是近年来研究的热点。日间波动率的相关文献在 4.2.1 节中进行了详细梳理，本节重点就日内波动率的相关文献进行回顾。

通信和计算机技术的飞速发展使高频数据得到普遍使用，同时基于高频数据分析的高频交易也快速发展。金融市场的数据分析在实现了从低频数据分析向高频数据的跨越后，进一步发展到超高频数据的应用阶段。超高频数据包括了一个交易日内更丰富的信息流，以交易日内超高频数据为决策依据的高频交易使金融资产价格形成的机制发生了显著变化。对股票市场波动率的研究基于所使用的数据频率，进一步细分为日间波动率研究与日内波动率研究。

日内波动率建模相关研究的发展过程就是基于已有的波动率模型和方法，同时考虑日内高频数据的特征，实现其在高频交易环境和高频数据分析背景下金融市场风险的合理度量。

在研究的早期阶段，有一部分文献就日内数据的统计特征进行了讨论，探索日内数据显著区别于日间数据的动态特征，提出这些特征在模型建立中面临的困难以及可能的解决方案。Müller 等（1990）和 Dacorogna 等（1993）认为，日内数据具有日内季节性的特征，他们利用外汇汇率的日内数据对日内季节性问题进行了研究。

许多文献 [如 Andersen 和 Bollerslev（1997；1998b）] 指出日内数据的这些特征将使传统的分析方法失效。Andersen 和 Bollerslev（1997）使用 S&P500 期货指数 5 分钟数据进行实证分析，提出了能够同时适用于外汇汇率和股票日内波动性的两步过滤法来剔除日内数据的日内波动性。Andersen 和 Bollerslev（1998b）以及 Bollerslev，Cai 和 Song

（2000）分别对德国马克外汇市场与美国国债期货市场进行了实证研究，发现这两种市场的日内波动率也具有日内周期性和长记忆等动态特征。Heiko（2000）则提出一步法同时考虑日内数据的持续性和季节性。Hol和Koopman（2002）使用S&P100指数1997年1月6日至2000年12月29日的5分钟数据，利用GX模型和SVX模型对指数的波动率展开了实证分析。

近年来，国内学者对中国股票市场的日内波动动态特征也有丰富的研究。例如，房振明和王春峰（2004）使用2000年1月2日至2001年12月31日上证综指5分钟数据对日内波动的日内周期性进行了研究。马丹（2005）也利用2003年2月10日至2004年7月28日的上证综指5分钟数据对长记忆性和日内周期性进行了分析。

在对日内波动率建模的基础上，另一类文献对日内波动率的预测进行了研究。国外文献方面，Blair，Poon和Taylor（2001）利用S&P100指数1987年1月2日至1999年12月31日的5分钟数据，采用样本外的1步、5步、10步及20步预测法对7种ARCH类模型的预测能力进行类比较，研究结果发现，VIX模型的预测精度优于其他6种模型，而VIX模型与SV模型的同时建模不能显著提高模型预测精度。Oomen（2001）FTSE100指数1990年5月1日至2000年1月11日的1～45分钟数据，通过模拟实验对ARFIMA模型与GARCH模型的1步至250步预测精度，研究结果认为，尽管ARFIMA模型在预测结果上比GARCH模型更精确，但估计过程复杂且对数据较为敏感，而GARCH模型更为简洁且更好刻画波动率的持续性特征，因而在预测方面更优。Hol 和 Koopman（2002）以 S&P100 指数 1997 年 1 月 6 日至 2000 年 12 月 29 日的 5 分钟数据为样本，对 6 种模型的指数日内波动率的估计和预测能力进行检验，研究结果显示，在 GX 模型和 SVX 模型中使用已实现波动率测度显著地改善了模型对波动率的估计能力，但在预测能力方面 ARFIMA-RV 模型效果更好。此外，Andersen 等（2003）以及 Barndorff 和 Shephard（2004）也探讨了已实现波动率模型的预测表现。Khan（2011）使用日经 225 指数 1996 年 3 月 11 日至 2009 年 9 月 30 日的 5 分钟、15 分钟及最优频率数据，对标准 HAR 模型[①]和 SVM-HAR-SV 模型的样本内、样本外 1 步、样本外 5 步及样本外 22 步的预测精度进行了比较，结果发现 SVM 模型与 HAR 模型的混合可以提高预测精度，而最优频率选择计算方法（Bandi，2008）不能显著提高预测精度。

国内文献方面，针对中国市场使用高频数据展开的实证研究发展也十分迅速。徐正国和张世英（2004）使用 1997 年 1 月 2 日至 2001 年 2 月 25 日上证综合指数日间数据与 5 分钟数据，比较了 GARCH 模型、 SV 模型和 ARFIMAX 模型对股票指数波动率进行估计与预测的能力。刘洋和王欣（2007）利用上证综合指数 2004 年 1 月 1 日至 2005 年 10 月 31 日的日数据与 5 分钟数据对 GARCH 模型、GARCH-RV 模型、RV-ARFIMAX 模型和 lnRV-ARFIMAX 模型的波动预测能力进行了比较。魏宇和余怒涛（2007）使用 1999 年 1 月 19 日至 2003 年 3

---

① Heterogeneous Autoregressive 模型，由 Corsi（2009）提出。

月 31 日的上证综合指数日数据与 5 分钟数据，对 6 种波动率模型的预测效果进行了比较。西村友作和门明（2009）选取上证综合指数 2001 年 3 月 1 日至 2007 年 12 月 28 日的日数据与 5 分钟数据作为样本，比较和研究了 5 种模型基于滚动窗口分析法进行样本外一步预测的预测效果。

综上，已有研究中对高频数据波动过程的建模，通常是基于非平稳过程的波动率扩散模型，或者利用时间序列模型对波动率过程进行建模，如 GARCH 类模型，以及使用平滑但非随机的非参数模型进行建模。但是，可以发现已有研究多是基于时间的维度讨论日内数据的建模和预测，即属于单维角度的研究，并没有考虑多维情形。尤其在日内数据波动率的研究方面，利用多维信息视角进行的研究非常少。

在多维视角的研究方法中，函数型数据分析是一种重要的分析工具。Müller（2006）首次将函数型数据分析的思想引入到方差分析中，提出了函数型方差过程的概念。这一开创性的研究将波动率的建模和函数型数据分析紧密地联系起来。Ingrassia 等（2009）使用函数型数据分析方法对 MBI300 指数成分股票的 5 分钟数据进行分析，通过函数型主成分分析提取出波动过程的主要特征并利用函数型数据聚类分析提出了一种新的股票指数构建方法。Müller 等（2011）使用函数型波动率过程研究高频金融数据的波动率曲线，用函数型数据方法描述股票的日内波动率曲线并进行函数型主成分分析，利用 S&P500 指数 2003 年 3 月至 2006 年 3 月 548 个交易日的 5 分钟数据进行了实证分析，建立了基于函数型主成分分析和回归分析的波动率预测模型。

在国内文献方面，利用函数型数据分析方法对日内金融数据进行研究的文献较少，且通常是对函数型数据分析经典方法的直接使用，对模型和方法鲜有创新。胡梦荻（2014）利用函数型主成分分析的方法，使用 2010 年 10 月 18 日至 2011 年 5 月 20 日沪深 300 股指期货的分笔交易数据，对该指数的波动率进行了分析，并建立了基于主成分分析的 KL-AR（q）预测模型。陈丽琼（2014）以沪深 300 指数 2011 至 2012 年的 1 分钟数据为样本，使用函数型数据分析研究了股票价格预测问题。国内几乎没有文献利用函数型数据分析的方法对股票市场日内波动率进行研究，本章的内容可以填补国内文献在这一方面的空白。

4.3　理论背景

根据 Müller 和 Yao（2006）的研究，令观测到的数据为 Y_j，通常假设数据 Y_j 随机地分布在一个确定的回归方程附近，从而 Y_j 是均值函数 g 与回归残差项 ε_j 之和：

$$Y_j = g(t_j) + \varepsilon(t_j)$$

其中，$(t_j)_{j=1,\cdots,J}$ 是一个数据网格。方差函数通常表示为 $v(t_j)$：

$$v(t_j) = \mathrm{var}\,[\varepsilon(t_j)]$$

在二元随机样本情况下，样本数据为（Y，X），则 $v(x) = E(Y^2|X = x) - [E(Y|X = x)]^2$。此时，分析的对象是一系列的数据观

测点，对方差函数进行考察。随着观测数据维数的增加，形成函数型数据时，分析的对象则转变为观测到的随机曲线，考察随机的方差过程，将方差函数的概念拓展至随机方差过程并通过对该随机过程进行量化分析函数型数据变化的情况。这一过程被称为函数型方差过程。

将观测到的数据分解为一个平滑过程 S 与一项噪声过程的和。平滑过程 S 基于离散的密集网格（grid），而噪声过程则假定其产生于平滑的函数型方差的过程 V 和一个独立的白噪声过程。

$$X_{ij} = S_i(t_j) + R_{ij}$$
$$i = 1, \cdots, n, \ j = 1, \cdots, J$$

考虑对单个股票的收益率构成的曲线簇利用函数型数据主成分分析的主成分得分和特征函数进行建模。假定 n 个独立观测到的样本来自二次可积的过程 S，由 n 条独立同分布的平滑曲线构成 S_i，$i = 1, \cdots, n$。所观测的数据 X_{ij} 从规则的样本数据点 t_{ij} 获得，t_{ij} 属于定义域 $\Gamma = [0, T]$，。R_{ij} 为白噪声过程，即对不同的 i，R_{ij} 与 R_{ik} 相互独立，并且 R_{ij} 满足下列条件：

$$ER_{ij} = 0$$
$$\mathrm{var}\left(R_{ij}\right) = \sigma_{R_{ij}}^2 < \infty$$

可以注意到，R_{ij} 项在同一个 i 之间可能是相关的。在已有文献中，金融时间序列被视为从密集的数据网格（grid）获得的观测数据。因此，对股票收益率波动性分析的关键就是对 R_{ij} 进行分析。

假定$R_{ij}{}^2$可以表示为两个非负项的指数乘积，即

$$R_{ij}{}^2 = \exp\ (V\ (t_{ij}))\ \exp\ (W_{ij}))\qquad（4\text{-}1）$$

其中，$\exp\ (V\ (t_{ij}))$表示指数随机方程，而$\exp\ (W_{ij}))$表示指数白噪声。为了便于计算，将$R_{ij}{}^2$取对数（log）转化为$Z_{ij} = \log\ (R_{ij}{}^2)$结合式（4-1），转化后的误差项可以表示为$V\ (t_{ij})$与$W_{ij}$之和。所分解的每一部分都是随机过程$V$的实现值。$W_{ij}$应满足：

$$EW_{ij} = 0\qquad（4\text{-}2）$$

$$\mathrm{var}(W_{ij}) = \sigma_w^2$$

$W_{ij} \perp W_{ik}, j \neq k,$

此外，$W \perp V$，$W \perp S$。综上所述，函数型数据的分解过程表示为：

$$Z_{ij} = \log(R_{ij}{}^2) = V(t_{ij}) + W_{ij}$$

因此，Z_{ij}的期望值可以表示为：

$$EZ_{ij} = E\left(V(t_{ij})\right) = \mu_V\ (t_{ij})\qquad（4\text{-}3）$$

其中，函数型方差过程V具有平滑的均值函数μ_V和平滑的协方差$G_V\ (s, t)$：

$$G_V\left(s, t\right) = cov\left(V(s), V(t)\right)，\ s, t \in \Gamma$$

协方差算子G_V 是对称的协方差核，则$G_V(f)(s) = \int G_V\left(s, t\right) f(t)\mathrm{d}t$是对核函数$G_V$的一个线性积分算子，将函数$f \epsilon \mathcal{L}^2\ (\Gamma)$影射到函数$G_V\ (f)\ \epsilon \mathcal{L}^2\ (\Gamma)$上。同时，协方差$G_V\ (s, t)$具有平滑的特征函数$\psi_k$和非负特征根$\rho_k$。将$\rho_k$降序排列为$\rho_1 \geqslant \rho_2 \geqslant \cdots$，则函数型方差过程$V$的协方差曲面$G_V$可以表示为：

$$G_V\left(s,t\right) = \sum_k \rho_k \psi_k, \; s,t \epsilon \Gamma$$

由 Karhunen-Loeve 展开式，可以将随机曲线簇V表示为：

$$V(t) = \mu_V(t) + \sum_{k=1}^{\infty} \varsigma_k \psi_k\,(t)$$

ς_k表示主成分得分，$k \geqslant 1$,且$E\varsigma_k = 0$，$\text{var}(\varsigma_k) = \rho_k$,即

$$\varsigma_k = \int [V(t) - \mu_V(t)]\,\psi_k\,(t)\,\mathrm{d}t$$

由式（4-3），在给定Z_{ij}时，可以通过将 n 个对象的所有残差项视为一个整体来估计μ_V，即从式（3-2）可以得到：

$$\text{cov}\left(Z_{ij},Z_{ik}\right) = \text{cov}\left(V_i(t_{ij}),V_i(t_{ik})\right) = G_V\,(t_{ij},t_{ik}),\; j \neq k$$

因为G_V是平滑的，可以从样本方差中估计得到。

4.4 实证分析

本文将函数型数据的主成分分析方法引入到股票市场波动性的分析中。首先，利用 GARCH 模型对股票收益率进行建模，得到基于 GARCH 模型的股票波动率。然后，提取出 GARCH 模型股票波动率中未包括的信息——GARCH 模型的残差，利用函数型数据分析对股票的波动性进行进一步的探索。根据函数型方差过程的原理，利用 GARCH 模型过滤后的信息可以合理转化为平滑的随机曲线，而对其进行函数型主成分分析可以充分利用不同股票之间的相关性提取出更多关于波动率的信息。

本部分采用 GARCH 模型与函数型数据主成分分析相结合的方法对我国股票市场的波动率进行实证分析。对 2014 年 1 月 4 日至 2015 年 12 月 31 日股票波动率进行估计的基础上，进一步利用函数型数据分析方法，探索我国股票市场波动率变化的特征。

4.4.1　数据与变量

本章所使用的数据来源于锐思金融研究数据库，收集了上证 50 指数的 50 只成分股 2014 年 1 月 4 日至 2015 年 12 月 31 日共 489 个交易日的股票日收益数据。

为了尽可能地保留数据的信息和分析的可比性和时效性，选取 2014 年 1 月 4 日至 2015 年 12 月 31 日期间一直属于上证 50 指数成分股的股票作为样本数据。[①]在 50 只成分股票中，满足这一条件的股票共 48 只股票，剔除的两只股票为 2015 年新发行的股票。

与已有研究一致，利用股票的日间收益率对股票的日间波动率进行研究。用 p_t 表示股票当日的收盘价格，p_{t-1} 表示前一日的收盘价格，则股票当日的日间收益率表示为 $\frac{p_t - p_{t-1}}{p_{t-1}}$。拟对 48 只样本股票的日间波动率进行考察，令第 i 只股票的日间收益率为 $r_i(t)$，$i = 1, \cdots, 48$，t 表示第 t 个交易日。进一步地，股票的日间收益率实际上是在离散的时间点上记录的观测值，令时间间隔 $\Delta = 1$ 天，则时间 t 可以用数据网格表示为 $t_j = j \times \Delta$，$j = 1, 2, \cdots, \frac{T}{\Delta}$。因此，每一只股票的日间收益

---

① Wang 等（2014）仅选取了 2013 年上证 50 指数样本股票一年的月度收益率数据。

序列$r_i(t_j)$可以视为一条函数型数据构成的曲线。48只样本股票构成的48条日间收益率曲线$r_i(t_j)$,$i=1$,$\cdots$,48,$j=1,2,\cdots,489$为关注的研究对象,拟通过对48只股票的日间收益率曲线同时进行考察来探索股票波动率的特征。

图4-1对样本股票的日间收益率进行了描述。在48只样本股票中随机选择4只股票,横轴代表2014年1月4日至2015年12月31日期间共489个交易日,纵轴代表单个股票的日间收益率。从图中可以看到,不同股票的收益率动态变化的轨迹各不相同,并没有固定的趋势。同时,股票的收益率均会出现一些剧烈的波动并可以观察到波动存在一定的聚集效应。

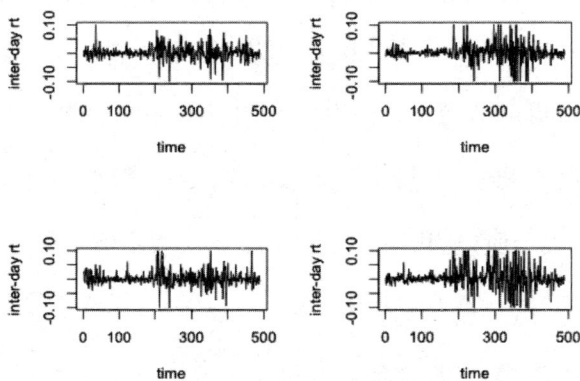

图4-1　样本股票日间收益率的时间序列

4.4.2　模型设定

（1）GARCH模型

GARCH模型是波动率建模最经典的模型之一,可以较好地捕捉收益率序列厚尾和波动聚集的特征。一般地，令 r_t 为金融资产的收益率，则 AR（p）-GARCH（m，s）表示为：

$$r_t = \emptyset_0 + \sum_{i=1}^{p} \emptyset_i r_{t-i} + a_t$$

$a_t = \sigma_t z_t, z_t \sim i.i.\mathrm{d} N（0, 1）$

$$\sigma_t{}^2 = \alpha_0 + \sum_{i=1}^{m} \alpha_i a_{t-i}{}^2 + \sum_{j=1}^{s} \beta_j \sigma_{t-j}{}^2$$

其中，$\alpha_0 > 0$，$\alpha_i \geqslant 0$，$\beta_j \geqslant 0$，$\sum_{i=1}^{\max(m, s)} (\alpha_i + \beta_i) < 1$。从 GARCH$(m, s)$ 模型中，可以得到收益率 r_t 的波动率 σ_t。令 $\eta_t = \mathrm{a}_t{}^2 - \sigma_t{}^2$，有 $\sigma_t{}^2 = \mathrm{a}_t{}^2 - \eta_t$，GARCH（$m$，$s$）可以改写为

$$\varepsilon_t{}^2 = \alpha_0 + \sum_{i=1}^{\max（m, s）} （\alpha_i + \beta_i） a_{t-i}{}^2 + \eta_t - \sum_{j=1}^{s} \beta_j \eta_{t-j}$$

因此，从 GARCH（m，s）模型中得到的波动率与 ε_t 和 σ_t 的滞后项相关，经过转换，$a_t{}^2$ 由两部分组成，一部分为由 GARCH（m，s）模型捕捉到的信息 $\alpha_0 + \sum_{i=1}^{\max(m, s)} (\alpha_i + \beta_i) \mathrm{a}_{t-i}{}^2$，另一部分则为 GARCH（$m$，s）模型没有捕捉到的信息 $\eta_{\mathrm{t}} - \sum_{j=1}^{s} \beta_j \eta_{t-j}$。也即是说，GARCH 模型计算资产的波动率 σ_t 反映了资产波动率的部分信息，而模型的残差项 a_t 中还包含着模型未捕捉到的信息，进一步提取 a_t 中的信息可以改善对资产波动率的分析。

具体而言，当考虑一组资产的波动率时，首先，利用 GARCH 模型计算每一个资产 i 基于 GARCH 模型的波动率 σ_{it}，$i = 1, \cdots, n$。然后使用函数型主成分分析对所有资产的由 GARCH 模型得到的 $\eta_{it} =$

$a_{it}^2 - \sigma_{it}^2$ 进行分析，提取出基于函数型数据分析的 $\widehat{\eta_{it}}$。最后，将

$\widetilde{\sigma_{it}}^2 = a_{it}^2 -$

$\widehat{\eta_{it}}$ 即 $\widetilde{\sigma_{it}} = \sqrt{a_{it}^2 - \widehat{\eta_{it}}}$ 作为基于 GARCH_FDA 模型的波动率。η_{it} 则剔除了资产收益的均值自相关和方差自相关的影响因素，更符合函数型数据分析的要求，因此，首先对 η_{it} 进行函数型分析，以更好地捕捉各个资产的相关和共享信息，从而则可以更好地计算和估计 $\widetilde{\sigma_{it}}$。

（2）函数型数据主成分分析

令一组资产从 GARCH 模型过滤后的信息用 $\eta_i(t_j)$ 表示，$i = 1, \cdots, n$。在 GARCH 模型中 $a_t = \sigma_t z_t$，$z_t \sim i.i.d\, N(0,1)$。第 i 条曲线 $\eta_i(t_j)$ 可以表示为

$$\eta_i(t_j) = \mu(t_j) + h_i(t_j) + \varepsilon_i(t_j)$$

其中，$\mu(t_j)$ 代表共享的函数，$h_i(t)$ 代表第 i 条曲线除均值以外的个体信息，$\varepsilon_i(t)$ 则是均值为 0 的随机误差项。因此 $\eta_i(t_j)$ 为视为在闭集 Γ 上的一个独立的随机过程，均值为 $E(\eta_i(t)) = \mu(t)$，协方差核为 $K(s,t) = \mathrm{cov}\{\eta(s), \eta(t)\}$，$s, t \epsilon \Gamma$，根据函数型数据方差过程的分解，当 $\int K(s,t) < \infty$ 时，根据 Mercer 引理，存在一组正交的特征方程 ψ_k 和非负非递增的特征根 υ_k，使得下式成立：

$$K\psi_k(s) \stackrel{\text{def}}{=} \int K(s,t)\psi_k(t)dt = \upsilon_k \psi_k(s)$$

$$K(s,t) = \sum_{k=1}^{\infty} \upsilon_k \psi_k(s)\psi_k(t)$$

$$\sum_{k=1}^{\infty} \upsilon_k = \int K(t,t)\,dt$$

根据 Karhunen-Loeve 展开式，有

$$\eta_i\left(t_j\right)=\mu(t_j)+\sum_{k=1}^{\infty}\sqrt{\upsilon_k}\xi_k\psi_k(t_j) \tag{4-4}$$

$$t_j=j\times\Delta,\ j=1,2,\cdots,\frac{T}{\Delta}$$

其中，$\xi_k\overset{\text{def}}{=}\frac{1}{\sqrt{\upsilon_k}}\int\eta(t)\psi_k(s)\mathrm{d}s, E(\xi_k)=0, E(\xi_k\xi_l)=\delta_{k,l}, k,\ l\epsilon N$，且$\delta_{k,l}$为克罗内克$\delta$函数[1]（the Kronecker delta）。

理论上通过式（4-4）可以得到对$\eta(t)$进行分解的所有特征根和对应的特征方程。然而在进行估计时，通常需要更为紧凑简洁的方程形式，因此，在估计时忽略式（4-4）中较小的特征根可以提高估计的效率。忽略较小的特征值后，得到紧凑形式（reduced rank）的模型：

$$\eta(t_j)=\mu(t_j)+\sum_{k=1}^{K}\psi_k(t_j)\alpha_{ik}=\mu(t_j)+\psi(t_j)^T\alpha_i,\ i=1,\cdots,n \tag{4-5}$$

其中，$\psi(t_j)=[\psi_1(t_j),\cdots,\psi_K(t_j)]^T$，$\alpha_i=(\alpha_{i1},\cdots,\alpha_{iK})^T$，$K$ 为一个确定的整数。如式（4-4）所示[2]，$\mu(t_j)$为均值方程，ψ_k是第 k 个主成分（principle component，PC）的权重方程，α_k是第 k 个主成分对应的载荷因子。根据式（4-5），曲线$\eta(t_j)$享有共同的均值函数和主成分权重方程，因而，估计时可以借助不同曲线之间的信息以提高估计效率。

在模型（4-5）中，对$\eta(t_j)$的估计转化为对均值函数$\mu(t_j)$，主成分

---

[1] 克罗内克δ函数是一个二元函数：$\delta_{ij}=\begin{cases}0,i\neq j\\1,i=j\end{cases}$。

[2] James 等（2000）、Zhou 等（2008）也使用了这种方法。

权重函数和主成分得分的估计。在函数型数据分析的框架下，首先，利用惩罚样条函数将方程用基函数表示出来：

$$\mu(t_j) = b(t_j)^T \theta_\mu \qquad (4\text{-}6)$$

$$\psi(t_j)^T = b(t_j)^T \Theta_\psi$$

其中，$b(t_j) = \{b_1(t_j), \cdots, b_q(t_j)\}^T$，是一个 q 维向量组成的 B-样条函数，q 表示节点的个数。从而，θ_μ 是一个 q 维向量，Θ_ψ 是一个 $q \times k$ 的样条系数矩阵。B-样条函数应满足正交化条件：

$$\int b(t) b(t)^T dt = I_q$$

因此，模型的估计问题进一步转换为对样条系数矩阵 Θ_ψ 的估计。为保证模型的可识别性，假设 Θ_ψ 满足以下条件：

$$\Theta_\psi{}^T \Theta_\psi = I_k$$

上述两个方程同时也表示其满足一般情形下的主成分权重函数需满足的正交化条件：

$$\int \psi \psi^T dt = \Theta_\psi{}^T \int b(t) b(t)^T dt \Theta_\psi = I_k$$

由式（4-5）和式（4-6），可以将第 i 条曲线表示为：

$$\eta_i(t) \stackrel{\text{def}}{=} \eta_i(t_j) = b(t_j)^T \theta_\mu + b(t_j)^T \Theta_\psi \alpha_i \qquad (4\text{-}7)$$

为了便于计算，在对目标函数进行非对称的最小化时，将 α_k 视为固定的参数而非随机变化的值。同样地，为了保证模型的可识别性，假设 α_k 满足以下条件：

$$\sum_{i=1}^{N} \alpha_{ik} = 0, \quad 1 \leqslant k \leqslant K$$

$$\sum_{i=1}^{N} \alpha_{i1}{}^2 > \cdots \sum_{i=1}^{N} \alpha_{iK}{}^2$$

为保证估计的均值函数和主成分函数的平滑性，在函数型数据的平滑过程中选取合适的结点数，并使用惩罚函数控制曲线的过度拟合问题。均值函数和主成分函数的二阶导数形式[①]惩罚函数为分别为

$$M_{\mu} = \theta_{\mu}{}^T \int b\left(\ddot{t}\right) b\left(\ddot{t}\right)^T \mathrm{d}t\theta_{\mu}$$

$$M_{\psi} = \sum_{k=1}^{K} \Theta_{\psi,k}{}^T \int b\left(\ddot{t}\right) b\left(\ddot{t}\right)^T \mathrm{d}t\Theta_{\psi,k} = \sum_{k=1}^{K} \Theta_{\psi,k}{}^T \Omega \Theta_{\psi,k}$$

令 λ_{μ} 和 λ_{ψ} 为非负的惩罚系数，具体的则可以通过 AIC，BIC 或者 CV 等方法进行选择。[②]

4.4.3　算法

为估计出系数 θ_{μ}，Θ_{ψ} 和 α_i，本章采用函数型数据分析的经典算法，即期望最大化（expectation-maximization，EM）。具体方法描述如下：

令 $B_i = \{b(t_j), \cdots, b\left(t_j\right)\}^T$，将 η_i 表示成函数型数据的均值函数与主成分函数之和的形式：

$$\eta_i = B_i\theta_{\mu} + B_i\Theta_{\psi}\alpha_i + \varepsilon_i,\ i = 1, \cdots, \mathrm{n}$$

$$\varepsilon_i \sim N\left(0, \sigma^2 I\right),\ \alpha_i \sim N\left(0, \boldsymbol{D}\right)$$

[①] $b(\ddot{t})$ 表示 $b(t)$ 的二阶导数，$b(\ddot{x}) = [b_1\ddot{(x)}, \cdots, b_q\ddot{(x)}]^T$ 表示对基函数的二阶差分向量。

[②] 为了简化计算，对于不同的曲线 i，使用相同的惩罚参数进行估计，这一方法与 Zhou 等（2008）中的处理方法一致。

函数型数据分析的金融应用与实证分析

其中，$\boldsymbol{D}$表示α_i的协方差矩阵，为一个对角阵。θ_μ，Θ_ψ和α_i均为待估计的未知参数，拟通过单个曲线的信息和函数型主成分分析的原理进行估计。根据假定，ε_i和α_i服从正态分布，$E(\varepsilon_i)=B_i\theta_\mu$，$\mathrm{var}(\eta_i)=B_i\Theta_\psi\boldsymbol{D}\Theta_\psi{}^T B_i{}^T$，则有

$$\eta_i \sim N(B_i\theta_\mu,\ \sigma^2\mathrm{I}+B_i\Theta_\psi\boldsymbol{D}\Theta_\psi{}^T B_i{}^T),\ i=1,\cdots,n$$

令$L(\eta_i)$表示第i个资产对应η_i的似然函数，那么所有资产的联合似然函数为$\prod_1^n L(\eta_i)$，带惩罚项的对数似然函数为

$$-2\sum_{i=1}^n logL(\eta_i)+\lambda_\mu M_\mu+\lambda_\psi M_\psi \qquad (4\text{-}8)$$

其中σ^2，θ_μ，Θ_ψ和α_i均为未知参数。如果直接对式（4-8）进行最小化非常复杂。但是，如果参数α_i可以观测，则似然函数可以写为

$$L(\eta_i,\ \alpha_i)=f(\eta_i|\alpha_i)f(\alpha_i)$$

忽略不相关的常数项，在正态分布假定下有

$$-2\sum_{i=1}^n logL(\eta_i)=n_i\log(\sigma^2)+\frac{1}{\sigma^2}(\eta_i-B_i\theta_\mu-B_i\Theta_\psi\alpha_i)^T$$
$$(\eta_i-B_i\theta_\mu-B_i\Theta_\psi\alpha_i)$$

其中，n_i表示第i个资产的观测值个数。此时，目标函数中的未知参数被分离开，利用上式进行最小化更加简单且可行。因此，利用ε_i和α_i的条件分布，使用 EM 算法进行计算。

具体计算过程如下，其中，第一步和第二步为 EM 算法的 M-step，第三步为 EM 算法的 E-step。

第一步：给定参数θ_μ，Θ_ψ和α_i，估计σ^2和$\boldsymbol{D}$。由$E(X^2|Y)=$

$[E(X|Y)]^2 + \text{var}\big((X|Y)\big)$，对$\sigma^2$和$\boldsymbol{D}$进行估计[①]：

$$\widehat{\sigma^2} = \frac{1}{\sum n_i} \sum_{i=1}^{n} E[\varepsilon_i{}^T \varepsilon_i | \eta_i]$$

$$= \frac{1}{\sum n_i} \sum_{i=1}^{n} E\left[\big(\eta_i - B_i\widehat{\theta_\mu} - B_i\widehat{\Theta_\psi}\alpha_i\big)^T \big(\eta_i - B_i\widehat{\theta_\mu} - B_i\widehat{\Theta_\psi}\alpha_i\big) \big| \eta_i \right]$$

$$= \frac{1}{\sum n_i} \sum_{i=1}^{n} \big(\eta_i - B_i\widehat{\theta_\mu} - B_i\widehat{\Theta_\psi}\widehat{\alpha_\iota}\big)^T \big(\eta_i - B_i\widehat{\theta_\mu} - B_i\widehat{\Theta_\psi}\widehat{\alpha_\iota}\big)$$

$$+\text{trace}[B_i\widehat{\Theta_\psi}\big(\widehat{D}^{-1} + \frac{\widehat{\Theta_\psi}{}^T B_i{}^T B_i\widehat{\Theta_\psi}}{\widehat{\sigma^2}} \big)^{-1} \widehat{\Theta_\psi}{}^T B_i{}^T]$$

$$\widehat{D_{JJ}} = \frac{1}{n}\sum_{i=1}^{n} E[\alpha_{ij}{}^2|\eta_i]=\frac{1}{n}\sum_{i=1}^{n}+\left[\alpha_{ij}{}^2 \big(\widehat{D}^{-1} + \frac{\widehat{\Theta_\psi}{}^T B_i{}^T B_i\widehat{\Theta_\psi}}{\widehat{\sigma^2}} \big) \right]_{jj}^{-1}$$

其中：

$$\alpha_i|\eta_i \sim N\left[\big(\sigma^2\boldsymbol{D}^{-1} + B_i\Theta_\psi\Theta_\psi{}^T B_i{}^T\big)^{-1}\Theta_\psi B_i{}^T \big(\eta_i - \right.$$

$$\left. B_i\theta_\mu\big), \big(\boldsymbol{D}^{-1} + \frac{\Theta_\psi{}^T B_i{}^T B_i\Theta_\psi}{\sigma^2}\big)^{-1} \right]$$

第二步：给定σ^2，$\boldsymbol{D}$和α_i，对参数θ_μ和Θ_ψ进行估计，最小化式（4-9）：

$$\sum_{i=1}^{n} \big(\eta_i - B_i\widehat{\theta_\mu} - B_i\widehat{\Theta_\psi}\widehat{\alpha_\iota}\big)^T \big(\eta_i - B_i\widehat{\theta_\mu} - B_i\widehat{\Theta_\psi}\widehat{\alpha_\iota}\big) \qquad （4\text{-}9）$$

最小化式（4-9）需要进行两步迭代，对$\widehat{\Theta_\psi}$的每一列进行单独估计时，其他列保持不变。由

$$\sum_{i=1}^{n} \big\| \eta_i - B_i\theta_\mu - B_i\Theta_\psi\alpha_i \big\|^2 = \sum_{i=1}^{n} \big\| \big(\eta_i - B_i\Theta_\psi\alpha_i\big) - B_i\theta_\mu \big\|^2$$

对θ_μ的估计可以表示为

$$\widehat{\theta_\mu} = \left(\sum_{i=1}^{n} B_i{}^T B_i \right)^{-1} \sum_{i=1}^{n} B_i{}^T\big(\eta_i - B_i\widehat{\Theta_\psi}\widehat{\alpha_\iota}\big)$$

---

① $E(X^2|Y) = [E(X|Y)]^2 + \text{var}[(X|Y)]$

同样地，估计Θ_ψ的第一列时，有

$$\sum_{i=1}^{n}\|\eta_i - B_i\theta_\mu - B_i\Theta_\psi\alpha_i\|^2$$

$$= \sum_{i=1}^{n}\|(\eta_i - B_i\theta_\mu - \alpha_{i2}B_i\theta_2 - \cdots - \alpha_{ik}B_i\theta_k) - \alpha_{i1}B_i\theta_1\|^2$$

因此，Θ_ψ的第一列的估计值为

$$\widehat{\theta_1} = \left(\sum_{i=1}^{n}\widehat{\alpha_{i1}}B_i^{T}B_i\right)^{-1}\sum_{i=1}^{n}B_i^{T}\widehat{\alpha_{i1}}(\eta_i - B_i\theta_\mu)(\eta_i -$$

$$B_i\widehat{\theta_\mu}) - \widehat{\alpha_{i1}\alpha_{i2}}B_i\widehat{\theta_2} - \cdots - \widehat{\alpha_{i1}\alpha_{ik}}B_i\widehat{\theta_k})$$

对Θ_ψ的每一列进行上述估计，并迭代计算直至收敛。

第三步：计算α_i和$\alpha_i\alpha_i^{T}$：

$$\widehat{\alpha_i} = E\left(\alpha_i\Big|\eta_i, \widehat{\theta_\mu}, \widehat{\Theta_\psi}, \widehat{\sigma^2}, \widehat{D}\right)$$

$$= \left(\widehat{\sigma^2}\widehat{D}^{-1} + \widehat{\Theta_\psi}^{T}B_i^{T}B_i\widehat{\Theta_\psi}\right)^{-1}\widehat{\Theta_\psi}^{T}B_i^{T}(\eta_i - B_i\widehat{\theta_\mu})$$

$$\alpha_i\alpha_i^{T} = E\left(\widehat{\alpha_i}\widehat{\alpha_i}^{T}\Big|\eta_i, \widehat{\theta_\mu}, \widehat{\Theta_\psi}, \widehat{\sigma^2}, \widehat{D}\right)$$

$$= \widehat{\alpha_i}\widehat{\alpha_i}^{T} + \left(\widehat{D}^{-1} + \frac{\widehat{\Theta_\psi}^{T}B_i^{T}B_i\widehat{\Theta_\psi}}{\widehat{\sigma^2}}\right)^{-1}$$

第四步：重复第一步至第三步直至收敛；

第五步：正交化Θ_ψ的列向量。计算$\widehat{\Gamma} = \widehat{\Theta_\psi}\widehat{D}\widehat{\Theta_\psi}^{T}$，将$\widehat{\Gamma}$的前$k$个特征值作为$\Theta_\psi$的列向量。

4.4.4 模型估计

根据第5.4.2的分析思路，首先利用AR（p）-GARCH（m，s）模型对 48 只股票的日间收益率进行建模并提取所有样本股票基于

GARCH 模型的波动率 σ_{it} 以及残差项 $\widehat{\eta_{it}}$，然后利用函数型数据的主成分分析对 $\widehat{\eta_{it}}$ 进行分析。

具体地，将 48 只股票在 2014 年 1 月 4 日至 2015 年 12 月 31 日期间的日间收益率作为 48 个单独的序列，利用 AR(p)-GARCH(m, s) 模型分别进行分析。利用 AIC 准则选取模型的滞后阶数。由于不同股票日间收益率序列的特征存在差别，最终选择对多数样本股票拟合效果较好的 AR（1）-GARCH（1，1）模型作为提取 GARCH 模型波动率 σ_{it} 的基准模型。对每一只样本股票分别利用一下模型进行拟合：

$$r_{it} = \emptyset_0 + \emptyset_1 r_{it-1} + a_{it}$$

$$a_{it} = \sigma_{it} z_{it}, z_{it} \sim i.i.d\, N\,(0, 1)$$

$$\sigma_{it}^2 = \alpha_0 + \alpha_1 a_{it-1}^2 + \beta_1 \sigma_{it-1}^2$$

其中，$\alpha_0 > 0$，$\alpha_1 \geqslant 0$，$\beta_1 \geqslant 0$，$\alpha_1 + \beta_1 < 1, i = 1$，…，48。将 AR（1）-GARCH（1，1）模型拟合得到的 48 只股票的波动率记为 $\widehat{\sigma_{it}^2}$。同时，令 $\eta_{it} = \widehat{a_{it}^2} - \widehat{\sigma_{it}^2}$。随机选取 4 只股票[①]的日间收益率，拟合得到的波动率 $\widehat{\sigma_{it}^2}$ 如图 4-2 所示。

然后，利用函数型数据分析对 η_{it} 进行分析。利用 4.4.2 的计算方法，同时对 48 只股票的 η_{it} 构成的函数型数据曲线进行函数型数据的主成分分析。

---

① 选取的 4 只股票与图 4-1 一致。

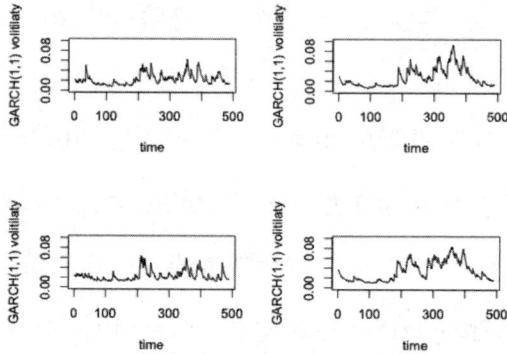

图 4-2　单只股票的 AR（1）-GARCH（1，1）波动率

对于函数型数据分析中辅助参数设定,考虑主成分个数 K 的选取。通常，需要计算每个主成分解释总体变化的比例，然后根据一定的标准，如 AIC，BIC 和 FVE[①]等，来选取主成分个数 K。在函数型数据中，直接计算每个主成分解释的比例十分困难。但是，当残差项 ε_i 的方差 σ^2 非常小且观测的曲线在相同的观测点进行观测时，主成分对应的主成分得分 α_i 可以较好地近似主成分对总体变化的解释比例。因此，可以根据 α_i 的协方差矩阵 $\boldsymbol{D}$ 来计算该比例。由于 $\boldsymbol{D}$ 是一个对角阵，主成分解释总体变化的比例可以简化为：

$$\frac{\boldsymbol{D}_{jj}}{\text{trace}（\boldsymbol{D}）}$$

其中，$\boldsymbol{D}_{jj}$ 为 $\boldsymbol{D}$ 主对角线的元素。本章使用累积贡献率 FVE 作为选取主成分个数的标准，将 FVE 的标准设定为 90%，即所选取的 k 个主成分能够解释总体变化的 90%以上。对 48 只样本股票经 AR（1）-

---

① 累计贡献率（fractional various explained，FVE）。

GARCH（1，1）模型过滤后的η_{it}进行函数型主成分分析，前四个主成分可以解释90%以上的变化。其中，第一主成分解释贡献率为44.13%，第二主成分解释贡献率为 10.21%，第三、第四主成分解释贡献率为10.21%和6.09%，累积贡献率 FVE 为 90.1%。对 2014—2015 年的全部样本数据的η_{it}估计得到的四个主成分函数如图 4-3 所示。

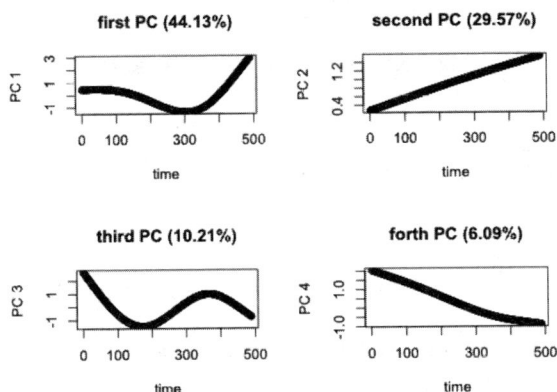

图 4-3　η_{it}的函数型主成分函数

4.4.5　实证结果分析

利用函数型主成分分析方法，得到了每一支曲线η_{it}的分解形式：

$$\widehat{\eta_{it}} = \eta(t_j) = \mu(t_j) + \sum_{k=1}^{4} \psi_k(t_j)\alpha_{ik}$$

则 GARCH_FDA 模型下的单只股票波动率为：

$$\widetilde{\sigma_{it}}^2 = a_{it}^2 - \widehat{\eta_{it}}$$

图 4-4 对比了根据 GARCH 模型计算的波动率$\widehat{\sigma_{it}}^2$与根据 GARCH_FDA 模型计算的波动率$\widetilde{\sigma_{it}}^2$。

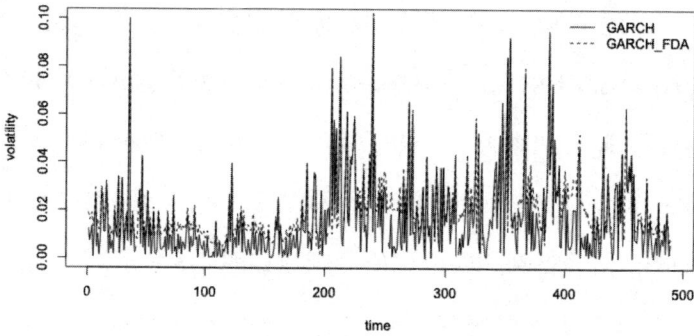

图 4-4　GARCH 模型波动率 $\widetilde{\sigma_{it}}^2$ 与 GARCH_FDA 模型波动率 $\widehat{\sigma_{it}}^2$ 对比

4.5　模型预测

对日间收益率进行建模的一个重要目标是利用所建立的模型对未来的日间收益率进行预测。根据第 4.5 节的分析，将 GARCH 模型与 FDA 相结合的日间波动率估计模型，可以得到每一只样本股票的波动率 $\widetilde{\sigma_{it}}^2$。$\widetilde{\sigma_{it}}^2$ 不仅包括了日间收益率在时间上的自相关及方差的自相关特征，还包括了考虑不同样本股票之间相关性的信息 $\widehat{\eta_{it}}$。基于 GARCH_FDA 模型对样本股票的波动率进行预测，可以更有效地利用历史信息。通常评价模型的优劣有两个标准：一方面，是模型是否能刻画历史数据的特征，即样本内预测的表现；另一方面，则是模型能否预测未来的波动率，即样本外预测的表现。

4.5.1　样本内与样本外预测

首先，考虑 GARCH_FDA 模型在样本内进行预测的效果。使用

48 只样本股票分别根据 GARCH 模型计算的波动率 $\widehat{\sigma_{it}}^2$，根据 GARCH_
FDA 模型计算的波动率 $\widetilde{\sigma_{it}}^2$，并利用日间收益率计算股票的实际逐日
波动率 σ_{it}^2。图 4-5 报告了利用前 244 天的日间收益率计算的三种
波动率的情况。在模型实际的计算过程中，针对每一只股票进行建
模，因而可以得到 48 只股票的波动率，此处报告的是 48 只股票的
平均值。

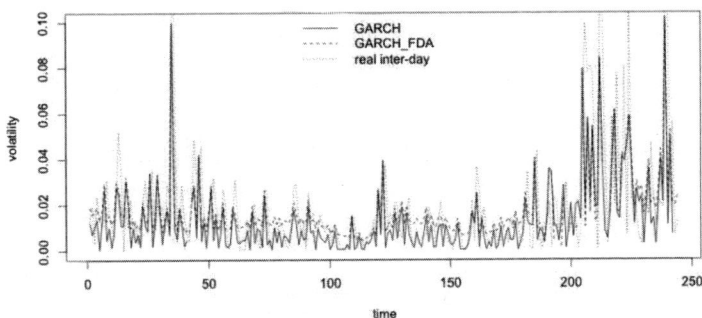

图 4-5　日间波动率样本内预测

然后，利用滚动窗口法进行向前一步预测，考察模型的样本外预
测效果。将样本划分为估计区间和检验区间两部分，以 244 天为滚动
窗口，预测未来 245 天的波动率，并利用检验区间的样本对预测效果
进行评价。基于 GARCH 模型的向前一步预测可以表示为

$$\sigma_{t+1|t}^2 = \alpha_0 + \sum_{i=1}^{m} \alpha_i\, a_{t+1-i|t}^2 + \sum_{j=1}^{s} \beta_j \sigma_{t+1-j|t}^2$$

其中，t 的长度为所设定的滚动窗口的天数。而基于 GARCH_FDA
模型则表示为

$$\widetilde{\sigma_{it+1|t}}^2 = \widehat{a_{it+1|t}}^2 - \widehat{\eta_{it}}$$

$$\widehat{\eta_{it}} = \mu(t_j) + \sum_{k=1}^{k} \psi_k(t_j)\alpha_{ik}$$

图 4-6 描绘了基于滚动窗口 244 天的信息对未来 245 天的波动率进行预测的情况，基于 GARCH（1，1）_FDA 模型所预测的波动率与实际的日间波动率更接近。

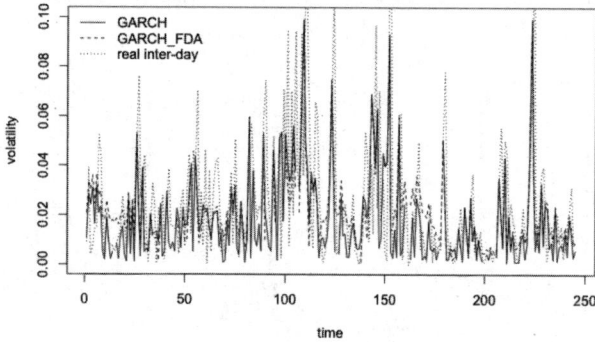

图 4-6　日间波动率样本外预测

4.5.2　预测效果的评价

波动率的预测效果可以通过损失函数法进行评价，通常使用平均绝对相对误差（mean absolute relative error, MARE）和均方相对误差（mean square relative error, MSRE）来衡量：

$$\text{MARE} = \frac{1}{n}\sum_{i=1}^{n} \frac{|\sigma_{it} - \widehat{\sigma_{it}}|}{\sigma_{it}}$$

$$\text{MSRE} = \frac{1}{n}\sum_{i=1}^{n} \left(\frac{\sigma_{it} - \widehat{\sigma_{it}}}{\sigma_{it}}\right)^2$$

表 4-1 和表 4-2 分别对基于两种模型的波动率样本外和样本内预测效果进行了评价。可以看到，对 48 只股票的平均情况而言，无论是样

本内预测还是样本外预测，GARCH（1，1）_FDA 模型的平均相对误
差和均方相对误差都小于 GARCH（1，1）模型。同时，从单只股票
的预测效果而言，大部分单只股票的预测效果在 GARCH（1，1）_FDA
模型下也更好。因此，利用函数型数据分析可以更有效地提取信息，
考虑不同股票之间的相关性，从而改善对波动率的预测效果。

表 4-1　样本内预测平均相对误差与均方相对误差

	MARE	MRSE
模型（1）：GARCH（1，1）	0.0232	0.0527
模型（2）：GARCH（1，1）_FDA	0.0170	0.0132
模型（2）优于模型（1）的比例	36/12	41/7

表 4-2　样本外预测平均相对误差与均方相对误差

	MARE	MRSE
模型（1）：GARCH（1，1）	0.0517	0.0708
模型（2）：GARCH（1，1）_FDA	0.0381	0.0699
模型（2）优于模型（1）的比例	32/16	35/13

4.6　本章小结

本章将函数型方差过程的概念引入到股票市场波动率的分析中，
将时间序列分析与函数型数据分析相结合，从函数型数据的视角对我
国股票市场的波动率特征进行了探索。

在模型设定上，在对股票收益波动率利用 GARCH 模型建模的基
础上，引入函数型数据的主成分分析，更有效地利用了股票之间的相

关信息，提取出更丰富的股票波动率的特征。在具体的估计方法上，利用期望最大化的迭代算法，通过估计的均值函数、主成分函数及主成分的载荷因子，刻画了股票波动率主要影响因素的形态。同时，利用不同股票之间的相关性并通过函数型主成分分析的降维思想，提取数据中的重要信息而舍去微小不重要的信息，建立了一种将 GARCH 模型和函数型数据分析相结合的波动率模型。金融数据的高维特征是统计方法在金融应用中面临的一个难题，函数型数据分析方法在有效处理和应对"维数诅咒"难题上具有显著的优势。本章的研究结果显示，基于函数型数据分析的思想、利用合理的计算方法对多个股票资产的波动率同时进行分析是切实可行的。

在实证分析方面，利用所建立的模型，对 2014 年和 2015 年共 489 个交易日的上证 50 指数成分股票日间收益的波动率进行了分析。研究结果显示，所建立的波动率模型可以较好地刻画我国股票市场实际波动的情况。

第5章 函数型数据分析与金融风险管理

5.1 引言

风险管理在现代经济活动中具有重要意义。对于金融市场而言，风险更是其不可忽视的要素和区别于其他市场的重要特征。近年来，全球性金融危机和局部危机频发，对世界经济和金融造成巨大的冲击，同时呈现出常态化的趋势。风险频发和风险叠加的大背景下，增加金融风险的防范意识，探索有效的风险识别和风险管理工具十分重要。

合理地测度风险是进行风险识别和风险管理的基础和前提。一方面，只有将资产价格变动中体现的风险因素反映到可以量化的测度中，才能实现对未来潜在的风险进行识别。另一方面，风险管理的过程需要遵循一定的规则或依据，动态地更新对风险测度的衡量，为动态风险管理策略的建立及实施提供了基础。当前金融市场风险增大的背景下，合理风险测度应当反映风险的相关性和动态变化。

波动率是量化波动过程的一个重要测度。金融市场的风险通常表现为市场中金融资产价格或其他要素的波动，而风险的扩散也通过资产之间的关联性波动传播和扩散。因此，金融资产的波动性是金融风险管理的重要方面。以股票市场为例，对股票波动性的研究有利于把握微观层面和宏观层面经济运行的重要信息。理解和认识股票市场的波动性、了解市场运行规律是有效开展金融投资活动及金融风险管理活动的重要依据，研究和探索分析股票市场波动性的方法具有重要的理论价值和实践意义。

一方面，金融数据的存储、提取、利用能力发展迅速，高频数据的使用日渐成熟。以此为基础的高频交易成为金融市场中一种重要的交易形式。在高频交易环境下，金融市场风险的产生、传播和扩散相对独立。如何在新的数据和信息环境下对金融市场的风险进行有效测度，如何利用高频数据对日内的风险进行准确的估计和预测，成为当前风险管理面临的全新挑战，也是风险测度研究亟需解决的问题。

同时，资产价格的极端波动给投资者造成严重的损失，因而，在金融风险的计量中，数据的极端波动情况或分布的尾部特征是重要的研究对象。但是，由于极端情况发生的概率低，在实际研究中往往面临着分布尾部数据不足的困难，阻碍了对尾部特征的有效提取。探索如何有效地对尾部信息进行估计并研究价格在极端情况下的表现，对于研究资产价格的波动十分关键。

因此，基于实践和理论两个方面的背景，在金融风险管理中引入函数型数据分析方法，并利用风险价值研究和探索风险测度，可以同时满足两方面的需求。在金融风险的计量中，建立基于函数型数据分析的风险价值，充分利用函数型数据分析处理高维大型数据的潜能，同时发挥风险价值对极端风险捕捉的优势。

有效防范和规避金融风险的重要前提是对风险进行合理测度。合理测度是指能够准确衡量风险水平，对风险波动进行客观描述并具有一定的预测能力。综上，为更好地把握金融市场波动的变化规律、研究金融资产风险的潜在结构和动态变化，本文将函数型数据分析的方法引入到金融市场风险测度的研究中，以资产之间的相关性为切入点，研究金融市场的风险测度。

对金融风险进行管理的重要目标是预警和防范重大的风险，利用能够更好地反映资产价格极端波动的风险测度有助于实现这一目标。在利用资产价格的历史数据进行统计建模和预测时，将资产价格的极端波动因素纳入风险测度的构建中，可以为有效的风险管理提供更科学的依据。

在金融风险管理中，风险价值（Value at Risk，VaR）是一种重要的风险测度工具，用以衡量资产的极值风险。其含义是指基于正常的市场波动条件，在一定的置信水平下，某一金融资产在未来特定时间的最大可能的损失。从具体计算的角度，风险价值就是金融资产收益分布函数所对应的分位数（quantile）。风险价值可以反映金融资产的尾部特征，但是，在现有研究中，准确计算风险价值的方法还需进一步地探索和改进。

一方面，风险价值的计算通常以单个资产为对象，即只利用了单个资产的信息，而没有考虑资产之间的相关性及资产所处的金融和经济环境。然而，金融市场却是一个多因素相互作用而形成的复杂动态系统，各种资产之间具有紧密的关联度，金融市场中一种因素数量的变化会引起其他因素数量的变化。在风险价值的计算进而金融市场风险的测度中，综合考虑资产之间联动相关性十分重要。

另一方面，传统的回归分析方法关注条件均值和中心分布，而市场的极端波动需要更集中地关注分布的尾部特征，即条件分布的尾部信息是研究的重点。但是，由于极端情况发生的概率低，在实际研究中往往面临着分布尾部数据不足的困难，阻碍了对尾部特征的有效提取。提高对尾部信息进行估计的效率对完善风险价值的计算十分关键。

因此，为更好地把握金融市场极端波动的变化规律、研究金融资产风险的潜在结构和动态变化，本章将基于分位数回归的函数型数据分析方法引入到风险价值的研究中：一方面尝试利用分位数的概念研究金融资产收益的极端波动，即收益分布的尾部特征；另一方面利用函数型数据分析的思想，克服现有分位数回归方法中尾部数据不足的缺陷，借助多个资产之间的相关性提高对尾部信息进行估计的效率。尝试利用分位数回归对函数型数据进行估计，并进一步合理地将分位数转化为风险价值。从单个金融资产出发，同时考虑金融资产之间的相关性对风险测度的影响，从整个金融市场的角度来分析金融资产的风险价值。

5.2　文献回顾

5.2.1　风险价值的相关文献

作为衡量金融市场风险的一种重要风险测度，国内外对于 VaR 的研究较为丰富。国外文献对 VaR 的计算、建模和模型检验的讨论相对充分。在 VaR 的计算或估计方面，现有文献可分为三类：VaR 非参数模型、VaR 参数模型及 VaR 半参数模型。

VaR 非参数模型利用历史数据和实际数据的历史分布来计算 VaR，主要方法有历史模拟法（historical simulation，HS）和基于核函数估计的历史模拟法，其基本思想是"让数据说话"，不对其做理论的分布假设。非参数模型隐含的假设是未来的情况和过去的情况相似，因而可以利用近期收益信息预测将来的风险状况。基于核估计的历史模拟法由 Bulter 和 Schachter（1998）提出，利用高斯核估计和高斯 Legendre 积分计算 VaR 值和相应的置信区间。Beder（1995,1996）、Hendrick（1996）、Pritsker（1997）对早期的 VaR 计算模型进行了比较分析，认为不同模型之间没有明显的优劣之分。Down（2002）详细评述了历史模拟法。

VaR 参数模型通过估计数据的概率曲线计算估计的 VaR 值。最早的参数模型是 J.P Morgan（1996）开发的RiskMetrics，假定资产组合的收益率服从正态分布，对模型中波动率的估计使用了移动加权平均（exponential weight moving average，EWMA）模型。但是，许多实证分析[1]发现，金融资产的收益率不符合服从正态分布与独立同分布的要求。

为了克服这一重要缺陷，用于波动率建模的模型如 GARCH 模型、SV 模型和 RV 模型等，被引入到 VaR 的计算中，以更好地刻画模型中收益率波动的特征进而改善对 VaR 值的计算。这一背景下，基于各种波动率模型产生了许多拓展的 VaR 模型。然而，McAleer（2010a）提出将各种模型进行组合而不是使用单一模型来度量 VaR。McAleer（2010b）使用这一方法对危机中的 VaR 值预测进行了分析，McAleer（2011）利用多个国家的数据验证了这一方法的有效性。同时，许多学者也对各类 VaR 模型展开了比较，如 Huang Lin（2004），Gonzalez-Rivera 等（2004），Alonso 和 Arcos（2006），Niuguez（2008），以及 Abad Benito（2012）等将基于 GARCH 模型的 VaR 模型与 EWMA 模型进行了比较，认为 EWMA 模型表现不佳。同时，Lehar 等（2002），Fleming 和 Kirby（2003），Gonzalez-Rivera 等（2004）和 Chen 等（2011）也对基于 GARCH 模型的 VaR 模型与基于 SV 模型的 VaR 模型进行了比较，研究结果显示，大部分情况下基于 SV 模型的 VaR 模型并没有改善基于 GARCH 模型 VaR 计算的效果。此外，Andersen 等（2003），Giot 和 Laurent（2004），Clements 等（2008），Brownlees 和 Gallo（2010），Asai 等（2011）考察了基于 RV 模型的 VaR 模型，认为其具有较好的 VaR 估

---

[1] 如 Hansen（1994）、Harvey 和 Sidique（1999）、Jondeau 和 Rockinger（2003）、Brooks（2005）以及 Bali 和 Weinbaum（2007）等。

计效果。

　　VaR 的半参数模型则是将非参数方法与参数方法相结合，文献中最主要的方法包括波动率加权历史模拟法，过滤历史模拟法（filtered historical simulation，FHS）、条件自回归 VaR 法（conditional autoregressive VaR，CAViaR）、基于极值理论（extreme value theory，EVT）的 VaR 法以及蒙特卡洛（monte carlo，MC）模拟法。

　　Hull 和 White（1998）使用考虑波动率因素的历史模拟法，通过历史波动率度经验分布进行调整进而计算 VaR 的值。Barone-Adesi 等（1999）结合了历史模拟法和条件波动率模型提出过滤历史模拟法（FHS）。Engle 和 Manganelli（2004）基于分位数回归建立了 CaViaR 模型，Yu 等（2010）、Chen 等（2011）以及 Gerlach 等（2011）对 CaViaR 模型进行了进一步的拓展。

　　极值理论（EVT）直接对金融资产收益率的尾部进行建模，McNeil 和 Frey（2000）将极值理论与波动率模型相结合，提出了估计 VaR 的条件极值模型。目前，使用 EVT 模型计算 VaR 的文献较多，并进一步发展为 BMM（block maxima models）法和 POT（peaks over threshold）法两个分支。Silva 和 Melo（2003）使用不同宽度的 BMM 法估计了 VaR，Bystrom（2004）则同时使用了无条件极值模型和条件极值模型对股票市场的 VaR 进行了估计，研究结果显示条件极值模型估计的准确率更高。Bekiros 和 Georgoutsos（2005）对传统 EVT 模型、POT 极值模型和 BMM 极值模型进行了对比研究，研究结果认为在选择较高的置信水平时 EVT 模型的估计结果更好。Tolikas 等（2007）则将历史模拟法（HS），参数模型、蒙特卡洛模拟法（MC）及 EVT 模型的 VaR 估计效果进行了比较，结果显示 EVT 模型对 VaR 的估计优于参数模型和蒙特卡洛模拟法，而与历史模拟法相比则表现相当。

Estrella 等（1994）将蒙特卡罗模拟法应用于非线性组合 VaR 值的计算，随后 Srinivasan 和 Shah（2001）对算法进行了改进，改善了蒙特卡罗模拟法的高计算成本问题。而 Antonelli 和 Iovino（2002）则进一步提出了能够提高蒙特卡罗模拟在计算 VaR 值时的运算效率的方法。

在模型检验方面，Kupiec（1995）提出了检验 VaR 计算的回测检验法（back test），并给出了不同持有期的置信区间。Chrisofferson（1998）提出了一种条件收敛检验。随后，Engle 和 Manganelli（2004）利用怀特检验（the Wald test）的形式，建立了动态分位数检验（the Dynamic Quantile test，DQ test）。上述三种检验是通过估计的 VaR 值在准确性方面的检验。而还有一类检验，则是通过构造损失函数，来对 VaR 模型进行检验，如 Lopez（1998，1999）构造的损失函数。Caporin（2008）、Abad 和 Benito（2012）进一步改进了损失函数的构造方法。

国内关于 VaR 的早期文献[①]主要对 VaR 方法进行综述，对风险价值的方法及将其引入中国风险管理实践的必要性、可行性等问题进行探讨。而在实证研究方面，国内较早时期对 VaR 的建模大部分都是基于资产收益具有独立同分布特征的假设，使用静态模型计算 VaR，利用无条件方差来计算 VaR 值，如杜海涛（2000）等。

---

① 如郑文通（1997）、牛昂（1997）、姚刚（1998）、顾乃康（1998）、戴国强等（2000）等。

　　王春峰（2001）全面地论述了以 VaR 为核心的风险度量方法，指出使用蒙特卡罗（MC）模拟法面临的问题并尝试通过马尔科夫链方法进行改善。马杰（2001）将 VaR 方法引入宏观层面与微观层面的外汇市场风险管理研究中。范英（2001）基于股票价格随机游走的假设，对深市股票在不同置信区间的 VaR 值进行实证分析。封建强（2002）将 EVT 与 GARCH 模型相结合，对沪深两市的极值 VaR 展开实证分析。于红香和刘小茂（2003）使用服从 GPD 的 EVT 模型估计 SV-M 模型的尾部分布。余素红、张世英和宋军（2004）对 GARCH 模型与 SV 模型 VaR 计算进行对比。黄大山等（2005）及陈守东等（2007）结合 GARCH 模型与极值分布研究股市的风险测度，分别以深市和沪市为研究对象，运用极值理论对中国股市风险进行了测度。赵建昕、任培民和赵树然（2008）基于非参数法，研究高频数据的 VaR 风险计量技术。魏宇（2008）将 GARCH 模型、GJR 模型与 EVT 模型相结合，从风险动态变化的角度，对国内外的证券市场风险测度进行了实证研究。邵锡栋和殷炼乾（2008）利用沪深指数的日内超高频数据，利用已实现波动率和已实现极差的计算方法进行建模并计算了 VaR 值，同时，对模型的 VaR 预测能力进行了实证检验。肖智等（2009）、林宇等（2009）把 FIGARCH 模型引入到 EVT 的 POT 模型中进行建模，对动态 VaR 进行了估计，进一步对中国股票市场的动态风险 VaR 测度进行了实证分析。尹念（2010）利用 GARCH 模型估计 VaR 值，以沪深 300 综合指数收益率为样本对股市风险进行评价和比较。林宇等（2011）将 FIGARCH 模型与 EVT 模型相结合，实证检验相关风险测度的准确性。

钱夕元和张超（2012）使用平方微分位数计算了参数模型的 EVaR。苏辛和周勇（2013）使用自回归平方分位数模型研究了基金业绩评价和检验的问题，计算出样本基金收益率的 VaR 值。刘晓倩（2014）使用 Expectile 模型来估计考虑半参数变系数的风险度量问题。

总言之，对以 VaR 为主流的风险测度，学者们已经开展了广泛而深入的研究。但同时，这些研究问题在理论和实践方面仍然是金融市场风险测度相关研究的核心方向。事实上，现有研究成果并没有对何种方法为真正准确的测度达成一致，也并不存在解决问题的完美方法。因此，从不同的视角进行深入研究十分必要。

5.2.2 基于分位数的风险价值

现有研究中，以分位数回归计算 VaR 的模型主要有以下四种。首先是 Koenker 和 Zhao（1996）使用的 ARCH Quantile 风险度量方法且能够拓展至 GARCH 模型中。其次为 Engle 和 Manganelli（2004）使用的 CAViaR 风险度量模型，核心思路是将 VaR 模型从对收益率分布进行建模转变为对分位数进行建模。再次，还有 Taylor（2008）使用的 CARE 法，其计算方式与 CAViaR 相似，但是将分位数回归总和最小化转换为非对称线性平方的总和最小化。此外，Taylor（2008）使用的 EWQR 法也是一种重要方法，该方法解决传统风险度量方法中时间序列数据间隔对结果造成的影响。

Chernozhukov 和 Umantsev（2001）、Bassett 等（2001）将分位数应用于实证金融领域，将分位数回归与 VaR 的计算相结合。Mei-Yuan

Chen 等（2002）使用分位数回归方法计算了 Nikkei225 指数的 VaR，研究结果认为分位数回归的方法比 GARCH-t 模型在高分位点的估计效果更好。

基于分位数的风险价值研究中，已有文献多采用广义分位数中的 expectile 来探讨股票或股票指数的风险度量问题。例如，Taylor（2008）使用基于 expectile 的条件自回归期望分位数（CARE）模型分别计算了法国、德国、英国、日本和美国股票指数的 VaR 与 ES 值。Kuan 等（2009）比较了基于 expectile 的 VaR（EVAR）和基于分位数的 VaR（QVaR）之间的区别，并使用不同于 Taylor 的 CARE 模型计算了标准普尔 500 指数和纳斯达克指数的样本内和样本外的 EVAR 值。

国内文献方面，周杰、刘三阳和邵锡栋（2007）研究了如何利用样本分位数来估计波动率，利用数值模拟的方法，提出了一种基于条件自回归的拟极差模型（QVAR）。谢尚宇、姚宏伟和周勇（2014）将线性异方差 expectile 模型应用于股票收益率和一些市场或非市场因素之间的关系研究中。等将简单线性期望分位数回归模型扩展为变系数的 VaR 风险度量模型，提出了变系数 EVAR 风险度量模型。

综上，虽然 VaR 和广义分位数的相关研究已经十分丰富，但目前基于高频数据和分位数回归方法计算 VaR 的文献还不多。而已有文献中，有以下三个方面有待进一步地研究：首先，从研究对象上看，由于金融市场存在系统相关性，对单个资产的研究应拓展至多个资产；其次，从研究方法上，可以将一元模型往多元模型扩展，以应对高维大型数据的处理；最后，从实证分析而言，基于高频数据的处理需求为对已有算法进行优化的相关研究创造了巨大的发展空间。

此外，我国的股票市场处于快速发展阶段，有自身独特的特征，探索适合中国市场的高频数据 VaR 计算模型十分必要。

5.3 理论背景

金融在一个国家或地区经济中发挥着越来越重要的作用，保持金融市场的稳定发展和平稳运行也成为经济持续稳定增长的重要前提之一。20 世纪 70 年代以来，金融市场的波动显著加剧，最有代表性的事件如 1971 年固定汇率体系崩溃、1973 年国际石油价格暴涨、1987 年美国股市"黑色星期一"、1994 年债券市场灾难、1997 年亚洲金融风暴、1998 年俄罗斯债券危机以及 2008 年全球次贷危机等。金融危机在较短的时间内就对整个社会的经济活动造成了严重的影响。因而，有效的金融风险管理活动对于保持金融市场有序运行进而促进经济持续增长十分重要。

Dowd（1999）认为全面而有效的金融风险管理活动至少应包括识别风险（risk identity）、测度风险（risk measurement）和管理风险（risk management）三个基本环节。而测度风险在整个金融风险管理活动中是一个十分关键的步骤，是连接对风险识别进而进行有效的管理的重要环节。

根据 Marrison（2002）对金融风险的划分，按照不同的风险来源，金融风险主要有市场风险、信用风险、流动性风险和操作风险四种类型。其中，后三类风险相关问题的研究所采用的理论基础和计量方法等都主要参考了第一种风险即市场风险相关研究中的已有成果。因此，通常的金融风险管理研究都以金融市场风险管理为研究的主要对象。本文的研究也是以金融市场的市场风险为研究对象。本部分就金融市场风险测度相关的理论、测度方法和主要模型进行了概述。

5.3.1　相对风险测度方法

以主流金融理论为基础，常用的金融市场风险测度方法包括相对风险测度方法与绝对风险测度方法。而现有文献中对金融市场风险进行测度的方法和衡量的指标，无论在理论研究中还是实践应用中均得到了普遍认可。

相对风险测度方法通过测量市场因素的变动与金融资产的收益变化之间的敏感性来量化市场风险。市场因素主要包括股票价格、汇率、商品价格及利率等。

目前，针对不同的标的资产最常用的相对风险测度指标主要有以下三项。

首先，对以债券为代表的利率型金融产品，通常使用久期（duration）和凸性（convexity）指标测度风险的大小。久期是指债券价格相对于利率变化的敏感程度即债券的价格变化对利率的一阶导数，而凸性是指久期对利率变化的敏感程度，即债券的价格变化对利率求二阶导数。DV01 指标也是债券交易中常用的相对风险测度指标，表示利率水平变化 0.01 个百分点时债券价格的变化。

其次，对股票资产，β 值是最常用的风险测度指标。β 值测量股票市场价格对市场指数变动的敏感程度。

最后，对金融衍生产品，Delta，Gamma，Vega，Theta 和 Rho 指标普遍使用，具体含义和计算方法如表 5-1 所示，令 p_t 表示衍生品的价格，σ_t 表示 p_t 的波动率，x_t 表示标的资产的价格，h 表示距离到期日的时间长度，r_t 表示利率。

表 5-1　金融衍生产品的相对风险测度

指标	含义	计算方法
Delta	p_t 相对于 x_t 变化的敏感程度	dp/dx
Gamma	Delta 相对于 x_t 变化的敏感程度	$d(dp/dx)$
Vega	p_t 相对于 σ_t 变化的敏感程度	$dp/d\sigma$
Theta	p_t 相对于 h 变化的敏感程度	dp/dh
Rho	p_t 对 r_t 变化的敏感程度	dp/dr

5.3.2　绝对风险测度方法

绝对风险测度方法则通过计算金融资产收益率波动的绝对幅度来量化风险。主要的市场风险绝对测度指标包括方差、标准差、半方差、矩、最大最小值以及风险价值等。

方差（variance）风险测度指标由 Markowitz 提出。Markowitz（1952）的研究认为，风险是投资收益的波动性或不确定性，并利用金融收益率的方差或标准差（standard deviation）来测度风险的大小。后来，为了区分正、负收益波动对风险的不同作用，提出 Semi-Variance 指标，只针对负向的收益波动情况。

在 Markowitz 之后，主要的风险测度包括：Bawa（1975）和 Fishburn

（1977）提出下偏矩方法（lower partial moments，LPM），使用资产收益概率分布左尾部的某种"矩"（moment）来衡量风险大小。Simaan（1997）提出 Absolute Deviation 指标，使用收益与均值之差的绝对值来衡量风险的大小。Young（1998）利用在一定时间内金融资产价格或收益的最大值和最小值之间的偏差来衡量风险的大小，称为 Minimax 指标。

随后，风险价值的市场风险定量测度方法诞生，这一种风险测度受到市场交易参与主体和金融监管机构的广泛认可。风险价值利用统计建模对金融风险进行估计和评价。风险价值作为风险管理中被普遍认可的风险测度，由 J.P.Morgan 投资银行在 1994 年的 RiskMetrics 系统中首先提出这种对市场风险进行定量测定与管理的分析工具。VaR 的定义是指在一定置信水平下，发生超出某一目标区域范围的预计最大损失。在具体计算上，VaR 刻画了在一定的目标区域范围内，收益和损失预期分布的分位数，表示为金融资产收益分布的 α 分位数（quantile）。令 P 表示金融资产，loss_P 表示金融资产 P 在持有期 t 内在置信水平（$1-\alpha$）下的市场价值损失，则风险价值为满足以下条件的值：

$$\mathrm{Prob}\,(\,\mathrm{loss}_P < -\mathrm{VaR}\,) = \alpha$$

在置信水平（$1-\alpha$）下，金融资产 P 在持有期 t 内的损失值 loss_P 超过 VaR 的概率等于 α。

风险价值测度最突出的优势在于对市场风险度量的综合性，将不同类型的变动因素引发的不同类型的市场风险归集为一个单一的数值，从而对不同个体的风险比较提供了统一的基础。目前，风险价值已成为国际及各国的金融监管机构普遍使用的风险管理工具并列入监管指标。因此，风险价值是一种十分重要的风险测度。

5.4　基于函数型数据的多元风险管理

拟对多个资产的分位数进行同时估计。考虑估计一组资产波动性的特定分位数，那么，在每一次估计中固定一个特定的分位数，如5%或95%。利用函数型数据分析的思路，假定这组资产波动性的分位数共享一些特征因而可以利用少数的主成分函数来表示。通过把所有的单个资产放在一起同时对主成分进行估计，可以得到更有效的分位数值。

具体地，假定单个资产的分位数值可以表示成共同函数与主成分函数线性组合之和。使用函数性数据分析的样条函数对主成分分析进行建模，并利用惩罚函数控制数据的过度拟合。在此基础上，最小化目标函数来得到样条函数中需估计的参数，从而得到估计的共享函数和主成分函数，它们的和即是估计的分位数值。在分位数的估计过程中，使用MM算法进行计算。

经过上述计算过程，最终可以得到所有资产共享的主成分函数和不同资产对主成分函数的个体反映，即主成分得分。主成分函数代表了所有资产风险价值的主要影响因素，也被称为风险因子。主成分得分则描述了不同资产对风险价值主要影响因素的反应，也被称为风险载荷因子。

5.4.1　模型设定

固定一个分位数水平 τ，关注多个资产的分位数值构成的分位数曲线，用 $l_i(t) = l_{\tau,i}(t)$ 表示，$i = 1, \cdots, N$。由于所考察的数据为按照时间排列的金融数据，其实质上为一维的数据，本文研究分位数 τ 给定的情况，为了表达的简洁性，省去下标 τ，所考察的数据可以视为函数型数据。第 i 条曲线 $l_i(t_j)$ 可以表示为：

$$l_i(t_j) = \mu(t_j) + h_i(t_j) + \varepsilon_i(t_j)$$

其中，$\mu(t)$ 代表共享的函数，$h_i(t)$ 代表第 i 条曲线除共享函数以外的个体信息，$\varepsilon_i(t)$ 则是均值为 0 的随机误差项。令 $l_i(t_j)$ 为定义在闭集 Γ 上的一个独立的随机过程，均值为 $E(l_i(t)) = \mu(t_j)$，协方差核为 $K(s,t) = \mathrm{cov}\{l(s), l(t)\}$，$s, t \epsilon \Gamma$，根据函数型数据方差过程的分解，当 $\int K(s,t) < \infty$ 时，由 Mercer 引理和 Karhunen-Loeve 扩张引理，存在一组正交的特征方程 ψ_k 和非负且非递增的特征根 υ_k，使得 $l_i(t_j)$ 可以表示为

$$l_i(t_j) = \mu(t_j) + \sum_{k=1}^{\infty} \sqrt{\upsilon_k} \xi_k \psi_k(t_j) \tag{5-1}$$

其中，$\xi_k \stackrel{\text{def}}{=} \frac{1}{\sqrt{\upsilon_k}} \int l(t) \psi_k(s) \mathrm{d}s$，$E(\xi_k) = 0$，$E(\xi_k \xi_l) = \delta_{k,1}$[①]，$k, l \epsilon N$。

进行估计时，忽略式（5-1）中较小的特征根可以提高估计的效率。

---

① 克罗内克 δ 函数是一个二元函数：$\delta_{ij} = \begin{cases} 0, i \neq j \\ 1, i = j \end{cases}$。

因此，估计的模型为：

$$l_i(t_j) = \mu(t_j) + \sum_{k=1}^{K} \psi_k(t_j)\alpha_{ik} = \mu(t_j) + \psi(t_j)^T\alpha_i, \ i = 1, \cdots, N$$

$$（5\text{-}2）$$

其中，$\psi(t_j) = \{\psi_1(t_j), \cdots, \psi_K(t_j)\}^T$，$\alpha_i = (\alpha_{i1}, \cdots, \alpha_{ik})^T$，$K$ 为一个确定的整数。在式（5-1）中，$\mu(t_j)$ 为共同方程，ψ_k 是第 k 个主成分的权重方程，α_k 是第 k 个主成分对应的主成分得分。根据式（5-2），分位数曲线 $l_i(t)$ 共享相同的共同函数和主成分权重方程，因而，估计时可以借助不同曲线之间的信息以提高估计效率。

在模型（5-2）中，对分位数曲线的估计转化为对共同函数 $\mu(t_j)$，主成分权重函数和主成分得分的估计。在函数型数据分析的框架下，首先，利用样条函数将方程用基函数表示为

$$\mu(t_j) = b(t_j)^T\theta_\mu \qquad （5\text{-}3）$$
$$\psi(t_j)^T = b(t_j)^T\boldsymbol{\Theta}_\psi$$

其中，$b(t) = \{b_1(t), \cdots, b_q(t)\}^T$，是一个 q 维向量组成的 B-样条函数，其中 q 表示节点个数。θ_μ 是一个 q 维向量，$\boldsymbol{\Theta}_\psi$ 是一个 $q \times k$ 的样条系数矩阵。B-样条函数应满足正交化条件：

$$\int b(t)b(t)^T \mathrm{d}t = I_q$$

正交化的过程可以使用 Zhou 等（2008）一致的方法。因此，模型的估计问题进一步转换为对样条系数矩阵 $\boldsymbol{\Theta}_\psi$ 的估计。为保证模型的可识别性，假设 $\boldsymbol{\Theta}_\psi$ 满足以下条件：

$$\boldsymbol{\Theta}_\psi{}^T\boldsymbol{\Theta}_\psi = I_k$$

上述两个方程同时也表示其满足一般情形下的主成分权重函数需满足的正交化条件:

$$\int \psi \psi^T dt = \boldsymbol{\Theta_\psi}^T \int b(t) b(t)^T dt \boldsymbol{\Theta_\psi} = I_k$$

记第 i 条曲线的观测值为 $\{(t_{ij}, Y_{ij})\}, j = 1, \cdots, T_i, i = 1, \cdots, N$。由式（5-1）和式（5-3），可以将第 i 条曲线表示为

$$l_i(t_j) \overset{\text{def}}{=} b(t_j)^T \theta_\mu + b(t_j)^T \boldsymbol{\Theta_\psi} \alpha_i \qquad （5-4）$$

为了便于计算，在对目标函数进行非对称的最小化时，将 α_k 视为固定的参数而非随机变化的值[①]。对分位数曲线进行回归的损失函数为

$$S = \sum_{i=1}^{N} \sum_{J=1}^{T_i} \rho_\tau \{Y_{ij} - b(t_j)^T \theta_\mu - b(t_j)^T \boldsymbol{\Theta_\psi} \alpha_i \qquad （5-5）$$

$$\rho_\tau(u) = |u|^\eta |\tau - I(u < 0)|$$

其中，$\rho_\tau(u)$ 为非对称损失函数。为保证估计的共同函数和主成分函数的平滑性，在函数型数据的平滑过程中选取合适的结点数（knots），并使用惩罚函数控制曲线的过度拟合问题。共同函数和主成分函数的二阶导数形式[②]惩罚函数为分别为

$$M_\mu = \theta_\mu^T \left(\int \ddot{b}(t) \ddot{b}(t)^T dt \right) \theta_\mu$$

$$M_\psi = \sum_{k=1}^{K} \boldsymbol{\Theta}_{\boldsymbol{\psi}, k}^T \int \ddot{b}(t) \ddot{b}(t)^T dt \boldsymbol{\Theta}_{\boldsymbol{\psi}, k} = \sum_{k=1}^{K} \boldsymbol{\Theta}_{\boldsymbol{\psi}, k}^T \Omega \boldsymbol{\Theta}_{\boldsymbol{\psi}, k}$$

带惩罚项的损失函数为

---

① 为保证模型的可识别性，假设 α_k 满足以下条件：$\sum_{i=1}^{N} \alpha_{ik} = 0$，$1 \leqslant k \leqslant K$ 及 $\sum_{i=1}^{N} \alpha_{i1}^2 >$ $\cdots \sum_{i=1}^{N} \alpha_{iK}^2$

② $\ddot{b}(t)$ 表示 $b(t)$ 的二阶导数。

$$S^* = S + \lambda_\mu M_\mu + \lambda_\psi M_\psi \tag{5-6}$$

其中，λ_μ 和 λ_ψ 为非负的惩罚系数。为了简化计算，对于不同的曲线 i，使用相同的惩罚参数进行估计，这一方法与 Zhou 等（2008）中的处理方法相一致。通过最小化带惩罚项的目标函数 S^*，可以估计出系数 θ_μ，$\boldsymbol{\Theta}_\psi$ 和 α_i。惩罚参数 λ_μ 和 λ_ψ 的选择将在后面部分详细讨论。

令 $l_i = \{l_{i1}, \cdots, l_{iT_i}\}^T$，$B_i = \{b(t_{i1}), \cdots, b(t_{iT_i})\}^T$，则式（5-4）可以写为以下的矩阵形式：

$$l_i = B_i \theta_\mu + B_i \boldsymbol{\Theta}_\psi \alpha_i$$

令 $Y_i = \{Y_{i1}, \cdots, Y_{iT_i}\}^T$，那么所观测到的数据就可以表示为，函数型数据的分解形式：

$$Y_i = l_i + \varepsilon_i = B_i \theta_\mu + B_i \boldsymbol{\Theta}_\psi \alpha_i + \varepsilon_i$$

其中，ε_i 为随机误差项，与非对称最小二乘最小化过程相对应，随机误差项 ε_i 服从非对称分布：

$$\gamma^T \Omega \gamma = \sum_j (\gamma_{j+1} - 2\gamma_j + \gamma_{j-1})^2$$

5.4.2 数据与变量

（1）样本数据

本部分所使用的数据来源于锐思金融研究数据库，搜集了上证 50 指数的 50 只成分股 2014 年 1 月 4 日至 2015 年 12 月 31 日共 489 个交易日的股票日收益率。由于指数成分股的构成并不是固定的，随时间发生变化，所以，拟对所关注的样本区间内存在的风险状况进行分析，需确保指数成分股的一致性。因此，采用逆向剔除的方式对 2014

年 1 月 4 日至 2015 年 12 月 31 日的上证 50 成分股进行筛选，获得 48
支有效的样本成分股。

（2）股票收益率

与已有研究相一致，用 p_t 表示股票当日的收盘价格，p_{t-1} 表示前一
日的收盘价格，则股票逐日计算的收益率表示为

$$R_t = \frac{p_t - p_{t-1}}{p_{t-1}}$$

那么，股票的日间对数收益率可以表示为

$$r_t = \log\left(\frac{p_t}{p_{t-1}}\right) = \log(1 + R_t)$$

在函数型数据分析方法下，第 i 只股票在第 t_j 个交易日的日间对数
收益率 $r_i(t_j)$ 表示为

$$r_i(t_j) = \log\left(\frac{p_{i(t)}}{p_{i(t-1)}}\right), \quad i = 1, \cdots, 48, \quad j = 1, \cdots, 489$$

固定一个分位数水平 τ，令第 i 只股票的第 τ 分位数曲线可以表示为

$$l_i(\tau) = F_i^{-1}(\tau) = \inf\{y : F_i(r) \geqslant \tau\}$$

其中，i 表示第 i 只股票，$i = 1, \cdots, n$。在选取的样本中，$n=48$。
如果第 i 只股票的日间对数收益率曲线 $r_i(t_j)$ 是一个平滑的函数过程，
就可以利用基于分位数的函数型数据主成分分析对股票的日间对数收
益率的分位数曲线进行估计。

5.4.3　算法

本部分对最小化损失函数（5-6）所使用的惩罚非对称最小二乘迭

代方法（penalized least asymmetrically weighted squares，PLAWS）的具体算法进行说明。

首先，固定一个分位数 $\tau\epsilon$（0，1）。对于 $i=1,\cdots,N,j=1,\cdots,T_i$，定义 l_{ij} 为关于参数的方程：

$$l_i(t_{ij}) = b(t_{ij})^T\theta_\mu + b(t_{ij})^T\boldsymbol{\Theta}_{\boldsymbol{\psi}}\alpha_i$$

$b(t_{ij})$ 为 B-样条函数，为了估计分位数曲线，定义权重函数 $w_j(\tau)$ 如下：

$$w_j(\tau) = \begin{cases} \dfrac{\tau}{\left|Y_j - b(X_j)^T\gamma\right| + \delta}, & Y_j > b(X_j)^T\gamma \\[3ex] \dfrac{1-\tau}{\left|Y_j - b(X_j)^T\gamma\right| + \delta}, & Y_j \leqslant b(X_j)^T\gamma \end{cases}$$

其中，δ 是一个很小的正常数。考虑权重函数的情况下，式（5-5）的非对称最小二乘的损失函数可以写为

$$S = \sum_{i=1}^{N}\sum_{J=1}^{T_i} w_{ij}\left\{Y_{ij} - b(t_{ij})^T\theta_\mu - b(t_{ij})^T\boldsymbol{\Theta}_{\boldsymbol{\psi}}\alpha_i\right\}^2$$

而带惩罚项的损失函数则表示为

$$S^* = \sum_{i=1}^{N}\left(Y_i - B_i\theta_\mu - B_i\boldsymbol{\Theta}_{\boldsymbol{\psi}}\alpha_i\right)^T \times W_i \times \left(Y_i - B_i\theta_\mu - B_i\boldsymbol{\Theta}_{\boldsymbol{\psi}}\alpha_i\right)$$
$$+ \lambda_\mu\theta_\mu^T\Omega\theta_\mu + \lambda_\psi\sum_{k=1}^{K}\boldsymbol{\Theta}_{\boldsymbol{\psi},k}^T\Omega\boldsymbol{\Theta}_{\boldsymbol{\psi},k} \qquad (5-7)$$

其中，$W_i = \mathrm{diag}\{w_{i1},\cdots,w_{iT_i}\}$。由于权重 w_{ij} 取决于参数，因此计算过程中需要使用权重函数的定义，即 $w_j(\tau)$ 进行迭代运算，直到最小化带惩罚项的目标函数的计算结果收敛。

$$w_j(\tau) = \begin{cases} \dfrac{\tau}{\left|Y_j - b(X_j)^T\gamma\right| + \delta}, & Y_j > b(X_j)^T\gamma \\[3mm] \dfrac{1-\tau}{\left|Y_j - b(X_j)^T\gamma\right| + \delta}, & Y_j \leqslant b(X_j)^T\gamma \end{cases}$$

最小化带惩罚项的损失函数（5-7），可以通过分别对式（5-7）求关于参数 θ_μ，$\boldsymbol{\Theta_\psi}$ 和 α_i 的偏导，且最小化的结果具有显示解：

$$\widehat{\theta_\mu} = \left\{\sum_{i=1}^{N} B_i{}^T W_i B_i + \lambda_\mu\Omega\right\}^{-1} \times \sum_{i=1}^{N} B_i{}^T W_i \left(Y_i - B_i\widehat{\Theta_\psi}\widehat{\alpha_1}\right)$$

$$\widehat{\Theta_{\psi,1}} = \left\{\sum_{i=1}^{N} \widehat{\alpha_{i1}}{}^2 B_i{}^T W_i B_i + \lambda_\psi\Omega\right\}^{-1} \times$$

$$\left\{\sum_{i=1}^{N} \widehat{\alpha_{i1}} B_i{}^T W_i \left(\left(Y_i - B_i\widehat{\theta_\mu} - B_i q_{il}\right)\right)\right\}$$

$$\widehat{\alpha_1} = \left(\widehat{\Theta_\psi}{}^T B_i{}^T W_i B_i\widehat{\Theta_\psi}\right)^{-1}\left\{\widehat{\Theta_\psi}{}^T B_i{}^T W_i \left(\left(Y_i - B_i\widehat{\theta_\mu}\right)\right)\right\}$$

其中，$q_{il} = \sum_{k\neq1}\widehat{\Theta_{\psi,1}}\widehat{\alpha_{1k}}$ 。

综上，PLAWS 算法的完整表达如下：

第一步：初始化；

第二步：使用 $\widehat{\theta_\mu} = \{\sum_{i=1}^{N} B_i{}^T \widehat{W_1} B_i + \lambda_\mu\Omega\}^{-1} \times \sum_{i=1}^{N} B_i{}^T \widehat{W_1} (Y_i - B_i\widehat{\Theta_\psi}\widehat{\alpha_1}\}$

迭代；

第三步：对 $l = 1, \cdots, K$，将 $\widehat{\Theta_\psi}$ 的第 l 列使用下式迭代：

$$\widehat{\Theta_{\psi,1}} = \left\{\sum_{i=1}^{N} \widehat{\alpha_{i1}}{}^2 B_i{}^T \widehat{W_1} B_i + \lambda_\psi\Omega\right\}^{-1} \times$$

$$\left\{\sum_{i=1}^{N} \widehat{\alpha_{i1}} B_i{}^T \widehat{W_1} \left(\left(Y_i - B_i\widehat{\theta_\mu} - B_i q_{il}\right)\right)\right\}$$

其中，$\widehat{\Theta_{\psi,k}}$ 是 $\widehat{\Theta_\psi}$ 的第 k 列，$q_{il} = \sum_{k\neq1}\widehat{\Theta_{\psi,1}}\widehat{\alpha_{1k}}$，$i = 1, \cdots, N$；

第四步：用 QR 分解正交化$\widehat{\Theta_\psi}$的列向量；

第五步：使用 $\widehat{\alpha_1} = (\widehat{\Theta_\psi}^T B_i^T W_i B_i \widehat{\Theta_\psi})^{-1} \{\widehat{\Theta_\psi}^T B_i^T W_i (Y_i - B_i \widehat{\theta_\mu})\}$ 进行迭代，中心化$\widehat{\alpha_1}$使得$\sum\limits_{i}^{N} \widehat{\alpha_1} = 0$；

第六步：使用式权重函数$w_j(\tau)$进行迭代；

$$w_j(\tau) = \begin{cases} \dfrac{\tau}{\left| Y_j - b(X_j)^T \gamma \right| + \delta}, & Y_j > b(X_j)^T \gamma \\[4mm] \dfrac{1-\tau}{\left| Y_j - b(X_j)^T \gamma \right| + \delta}, & Y_j \leqslant b(X_j)^T \gamma \end{cases}$$

第七步：重复步骤第二步至第六步直至收敛。

初始化过程的具体步骤为：

第一步：根据 n 条曲线的信息估计单个分位数曲线$\widehat{l}(t)$；

第二步：对第一步单独估计所得到的$\widehat{l}_1 = \{\widehat{l}(t_{i1}), \cdots, \widehat{l}(t_{iT_i})\}^T$，进行线性回归：

$$\widehat{l}_1 = B_i \theta_\mu + \varepsilon_i, \quad i = 1, \cdots, N$$

以得到$\widehat{\theta_\mu}$的初始值$\widehat{\theta_\mu}^{(0)}$：

$$\widehat{\theta_\mu}^{(0)} = \left(\sum_{i=1}^{N} B_i^T W_i B_i \right)^{-1} \left(\sum_{i=1}^{N} B_i^T \widehat{l}_1 \right)$$

第三步：计算第二步的回归$\widehat{l}_1 = B_i \theta_\mu + \varepsilon_i$得到的残差$\widetilde{l}_1 = \widehat{l}_1 - B_i \widehat{\theta_\mu}^0$，对每一条曲线 i 进行下列线性回归：

$$\widetilde{l}_1 = B_i \Gamma_i + \varepsilon_i$$

将回归所得的结果记为$\widehat{l}_1^{(0)}$，$\widehat{\Gamma}_1^{(0)}$将用于寻找Θ_ψ和α_i的初始值，令：

$$\widehat{\Gamma}_0 = (\widehat{\Gamma}_1^{(0)}, \cdots, \widehat{\Gamma}_1^{(0)}), \quad i = 1, \cdots, N$$

第四步：计算分解$\widehat{\Gamma}_1^{(0)T}$的特征值：$\widehat{\Gamma}_1^{(0)T} = \mathrm{UDV}^T$

Θ_ψ的初始值由$\widehat{\Theta_\psi}^{(0)} = V_k D_k$确定，其中，$V_k$是矩阵$\boldsymbol{V}$的前 k 列，D_k是矩阵$\boldsymbol{D}$的$k \times k$方阵。

第五步：通过回归：$\widehat{\Gamma}_i^{(0)} = \widehat{\Theta_\psi}\widehat{\alpha}_1 + \varepsilon_i$得到$\widehat{\alpha}_i$的初始值。如果回归是奇异的，则使用岭回归（ridge regression）。回归后，对$\widehat{\alpha}_1$进行中心化处理，使得$\sum_i^N \widehat{\alpha}_1 = 0$。

需说明的是，由于在数据分布的尾部，数据量较少，当τ接近于 0 和 1 时，分位数的估计表现出不稳定性。本章所采用的方法可以有效地改善估计中面临的稀疏数据问题，特别是需要对多个曲线的分位数进行估计时，函数型数据分析方法的引入可以通过借助多个个体之间的相关性有效地改进对分位数进行估计的效率。

5.4.4　实证结果分析

考虑六种分位数水平，即$\tau \in$（0.01，0.05，0.1，0.9，0.95，0.99）的股票收益率分位数曲线，分别考察股票收益率的尾部情况。其中，1%、5%、10%代表左尾的负收益率分位数，90%、95%、99%代表右尾的正收益率分位数。

根据函数型数据分析的原理，固定一个分位数τ，所估计的分位数曲线可以表示为估计的共享函数与主成分函数之和，即第i只股票的τ分位数曲线$\widehat{\Gamma}_i$的估计值为：

$$\widehat{l}_1 = B\widehat{\theta_\mu} + B\widehat{\Theta_\psi}\widehat{\alpha}_1$$

由 5.3.2 对风险价值概念的界定，资产的风险价值对应于其收益率分布的分位数：

$$\Pr\left(R_t \leqslant \mathrm{VaR}_t^{(\tau)}\right) = 1 - \tau$$

利用分位数回归方法，可以直接利用样本数据对一个确定分位数水平的分位数值进行估计。因此，在函数型数据分析方法下，分位数回归估计得到的分位数值即为对应置信水平的 VaR 值。也即是说，估计所得到的六条分位数曲线 $\widehat{l}_\tau$，$\tau\epsilon$（0.01, 0.05, 0.1, 0.9, 0.95, 0.99）就是置信水平分别为99%、95%和90%的多头头寸VaR与空头头寸VaR。

根据 5.4.1 部分的模型、计算方法以及结合样本数据所确定的辅助参数，首先对全部样本的六条分位数曲线进行了估计。图 5-1 报告了六种不同分位数水平下所估计的 VaR 曲线的共同函数 $B\widehat{\theta_\mu}$ 和主成分函数 $B\widehat{\Theta_\psi}\widehat{\alpha}_1$。VaR 曲线的共同函数代表了对应置信水平下，估计的 VaR 值的基本趋势，而 VaR 曲线的主成分函数则代表了所估计的 VaR 值的变动。进一步地，将主成分函数 $B\widehat{\Theta_\psi}\widehat{\alpha}_1$ 分解为风险因子 $B\widehat{\Theta_\psi}$ 和载荷因子 $\widehat{\alpha}_1$。风险因子 $B\widehat{\Theta_\psi}$ 代表 VaR 值变动的主要影响因素，由所有股票共享。载荷因子 $\widehat{\alpha}_1$ 代表第 i 只股票对风险因子的反应，在不同股票之间存在个体差异。

从 VaR 曲线共同函数的估计结果图 5-1 可以看到，无论是左尾还是右尾，越靠近分布的尾部，共同函数的波动越大。同时，股票空头头寸 VaR（右尾）均值函数的波动大于多头头寸 VaR（左尾）均值函数的波动。图 5-2 报告了左尾的分位数估计曲线中主成分函数 $B\widehat{\Theta_\psi \alpha_1}$ 即风险因子的表现。三种置信水平下，$\tau\epsilon$（0.01，0.05，0.1），VaR 曲线的变动主要由第一主成分解释。当 $\tau = 0.01$ 时，第一主成分函数的曲线更为平滑，而 $\tau = 0.05$ 和 $\tau = 0.1$ 的第一主成分函数更为接近。

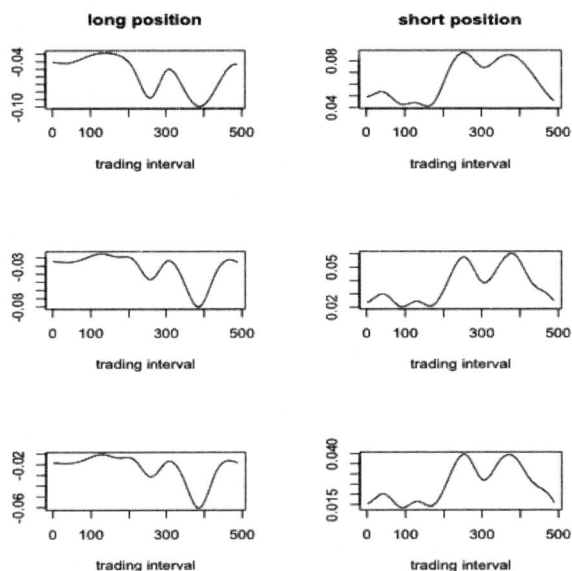

图 5-1　估计的共享函数 $\mu(t_j)$

空头头寸 VaR（右尾）估计曲线中，主成分函数的形态与多头头寸 VaR 估计曲线（左尾）存在明显的差异。而空头头寸 VaR（右尾）的三种不同置信水平中，前两个主成分函数都有明显的区别。相反，多头头寸 VaR 的主成分函数仅在第一主成分函数存在较明显的差异。因此，空头头寸 VaR 曲线（图 5-3）的变化结构更为丰富。

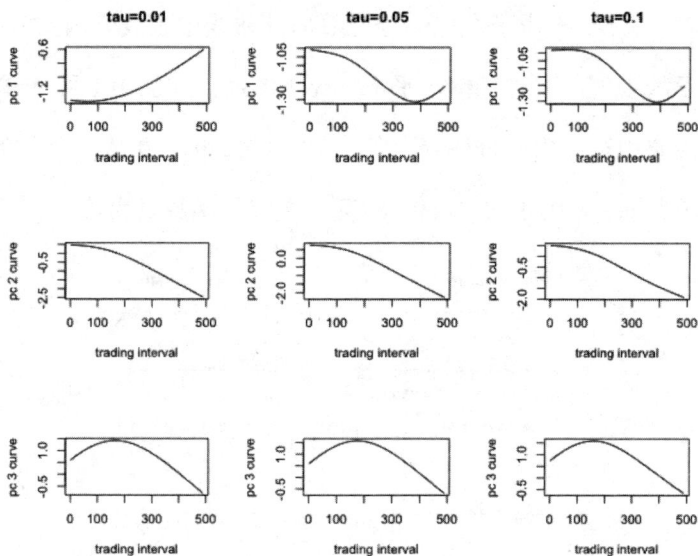

图 5-2　估计的多头头寸 VaR 主成分函数

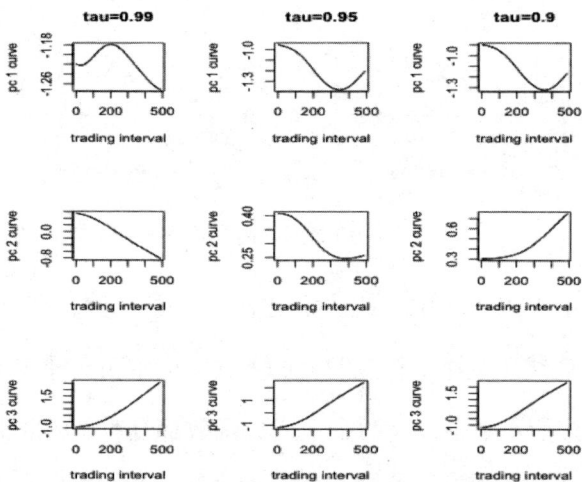

图 5-3　估计的空头头寸 VaR 主成分函数

利用函数型数据主成分分析的思想，模型估计所得的风险因子

$B\widehat{\Theta_\psi}$代表 VaR 值变动的主要影响因素，而载荷因子$\widehat{\alpha}_i$代表不同股票对主要影响因素反映的个体差异。通过分位数曲线风险因子和因子载荷的分析，可以对股票的风险价值有更全面的了解，进一步地，对于利用 VaR 揭示的风险信息所进行的风险管理活动具有重要的参考价值。

中国股票市场在 2015 年出现了较大的波动，因此，以 2015 年上证 50 指数为例，对股票市场 VaR 的风险因子和因子载荷的变化进行详细考察。具体而言，对 2015 年所有样本股票估计不同分位数水平的分位数，以刻画不同置信水平下的 VaR 值，同时，比较分析与其对应的风险因子和因子载荷的变化。首先，模型所估计的 2015 年多头头寸

VaR 曲线如图 5-4 所示，从时间维度的动态变化而言，所有样本股票的 VaR 值在第 50 个交易日至第 200 个交易日之间变化十分剧烈。在第 100 个交易日至第 140 个交易日之间，三条曲线的形态差异较大，如果选用了较高

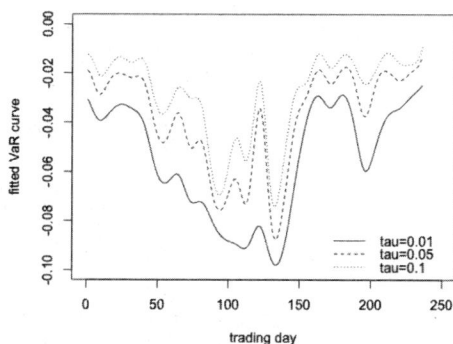

图 5-4　估计的多头头寸 VaR 曲线

分位数（较低置信水平）的 VaR 进行风险管理，则更容易受到极端情况的冲击。2015 年空头头寸 VaR 曲线如图 5-5 所示。与多头头寸相比，空头头寸的 VaR 曲线没有出现重大的冲击，但在第 175 个交易日至第

200 个交易日出现相对较大的波动。

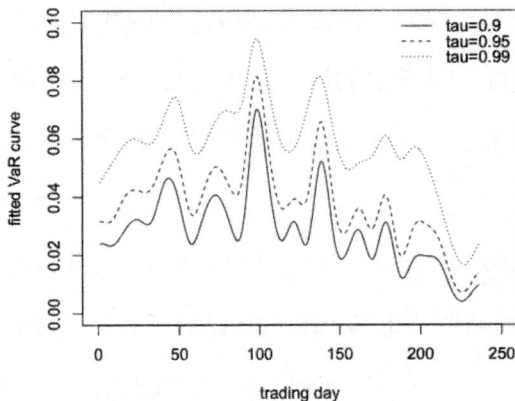

图 5-5 估计的空头头寸 VaR 曲线（2015 年）

其次，风险因子的因子载荷α_i提供了不同股票之间的个体差异信息，代表不同的股票对于风险因子的不同反应。考虑到第一主成分是相对解释贡献度最大的风险因子，图 5-6 就所有样本股票对第一主成分载荷因子的特征进行分析。图中的横轴为第 i 只股票的代码，$i = 1, \cdots, 48$，纵轴为第 i 只股票对应的第一主成分载荷因子α_i的值，虚线表示载荷因子正负符号的分界线。载荷因子α_i的符号代表单个股票资产对第一风险因子的反应方向。因子载荷α_i的绝对值大小代表反应的程度，绝对值越大表示反应的程度越强烈，也即该风险因子对第 i 只股票 VaR 值变动的影响程度越大。在所有 48 只样本股票中，无论是多头头寸还是空头头寸，其设定的置信水平越高，则股票的载荷因子相对更为集中，如左上角$\tau = 0.01$与右下角$\tau = 0.99$的载荷因子图，它们分别代表里 99%置信水平下多头头寸和空头头寸的情形。此时，

VaR 第一主成分函数载荷因子的绝对值最大，且多头情况下集中于负向反应，空头情况下集中于正向反应。

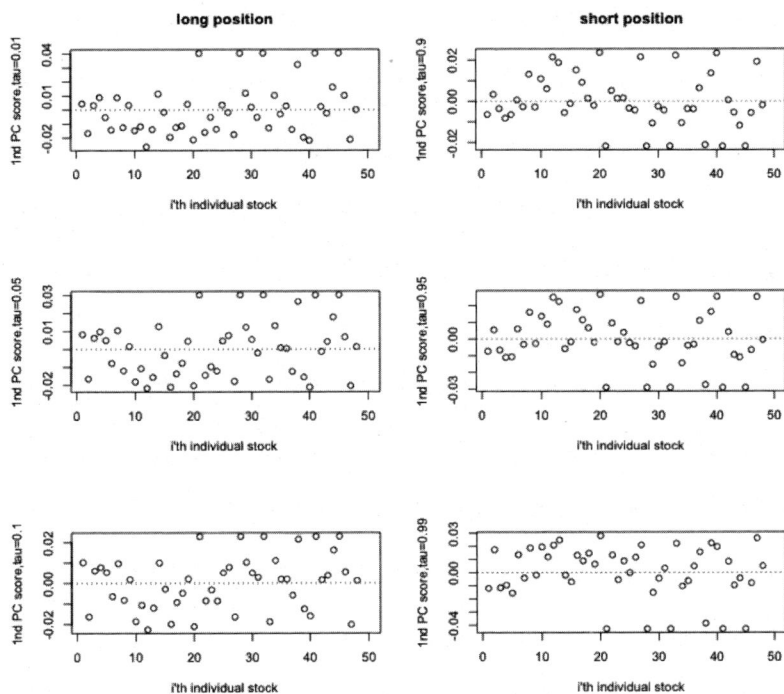

图 5-6　48 只样本股票 VaR 曲线第一主成分函数的载荷因子

同时，利用函数型数据主成分分析的思想，模型估计所得的主成分函数表示风险波动的影响因子，而载荷因子代表不同资产的个体差异。通过分位数曲线主成分函数即载荷因子的分析，可以对股票的风险价值有更全面的了解，对规避股票收益率波动的风险具有重要的参考价值。

从纵向和横向分别考察上证 50 指数成分股 2011 年至 2015 年的日对数收益率数据，利用建立的模型从不同视角估计单只股票的风险价值。

（1）纵向分析

纵向分析的基本思路为：固定一组分位数，同时估计所有样本股票在该分位数水平的分位数值，考察 2011 年至 2015 年 VaR 曲线主成分函数和载荷因子的年际变化[①]。在金融风险管理中，更加关注资产可能产生的最大损失，越审慎的风险管理原则意味着选取越接近尾部的分位数值即越高的置信水平作为金融风险管理中资产风险大小的测度[②]。

因此分别考察 $\tau = 0.01$，即 99%置信水平的多头头寸 VaR 曲线和 $\tau = 0.99$，即 99%置信水平的空头头寸 VaR 曲线，以分析所有样本股票风险价值的风险因子在不同年份之间的结构变化。

首先，图 5-7 报告了 99%置信水平下，多头头寸 VaR 曲线主成分函数的年际变化。实证结果发现，多头头寸 VaR 曲线的第一和第二主成分函数逐年间均发生着显著变化，而第一主成分函数的变化最为明显。数据结果显示，股票多头头寸风险价值的风险结构在不同年份间是显著不同的。

然后，如图 5-8 所示，考察了 99%置信水平下，空头头寸 VaR 曲线主成分函数的年际变化。空头头寸 VaR 曲线的所有四个主成分函数在不同年份之间均发生着明显的变化。这说明资产的空头头寸 VaR 不

---

① 样本数据共覆盖 1214 个交易日，年份的具体划分如表 3-1 所示。
② 1998 年《巴塞尔资本协议》规定对风险价值的确定使用 99%的置信水平。

仅波动的幅度大于多头头寸，且风险因子的结构也发生了显著变化。五个年份的第一主成分函数形态几乎完全不相同，第一主成分捕捉了最主要的风险因子结构变化。第二主成分函数在曲线的弯曲程度上有明显差异，但变化的趋势均为自年初向年末递减。在第三和第四主成分函数中，2012 年、2014 年和 2015 年的风险因子结构较为相似，而2011 年和 2013 年则具有相对独立的特征。

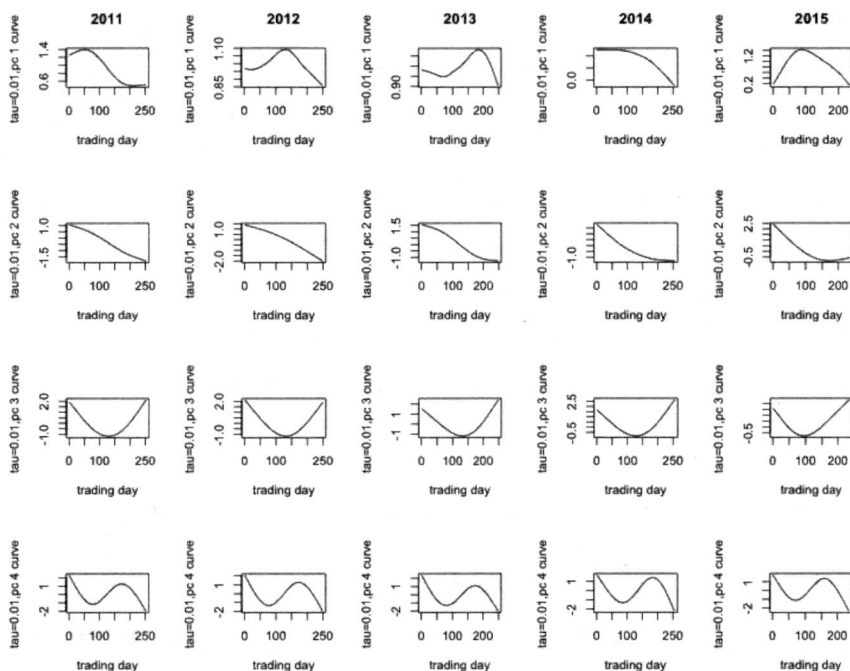

图 5-7　多头头寸 VaR 曲线主成分函数的年际变化（$\tau = 0.01$）

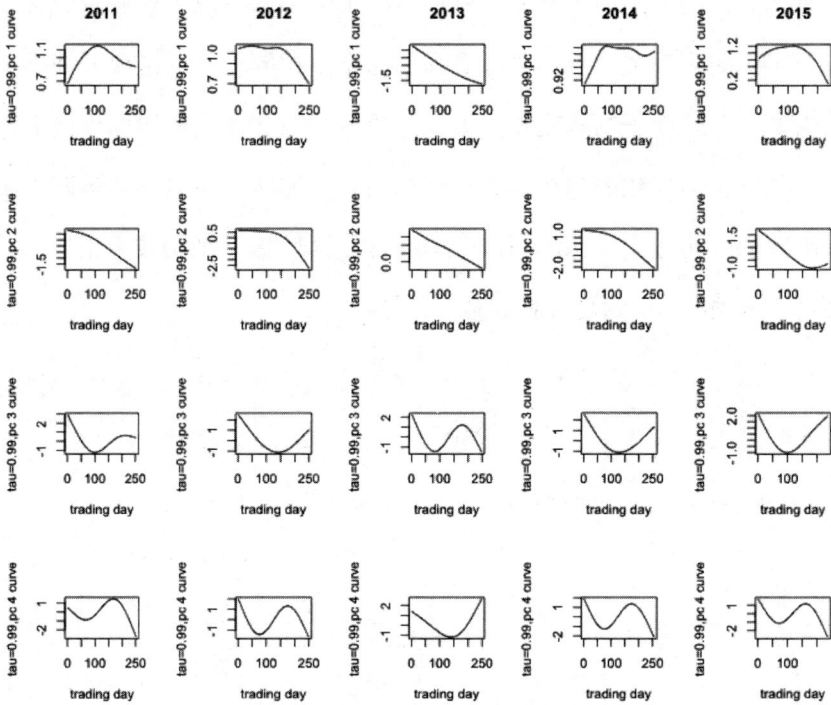

图 5-8　空头头寸 VaR 曲线主成分函数的年际变化（$\tau = 0.99$）

（2）横向分析

固定一个年份，对所有样本股票估计不同分位数水平的分位数，并比较分析与其对应的主成分函数和载荷因子的变化。中国股票市场在 2015 年出现了较大的波动，在此，就 2015 年主成分函数和载荷因子的变化进行详细考察。

首先，模型所估计的 2015 年多头头寸 VaR 曲线如图 5-9 所示，从动态变化而言，所有样本股票的风险价值在第 50 个交易日至第 200 个交易日之间变化十分剧烈。在第 100 个交易日至第 140 个交易日之间，三条曲线的形态差异较大，如果选用了较高分位数（较低置信水平）的 VaR 进行风险管理，则容易受到极端情况的冲击。

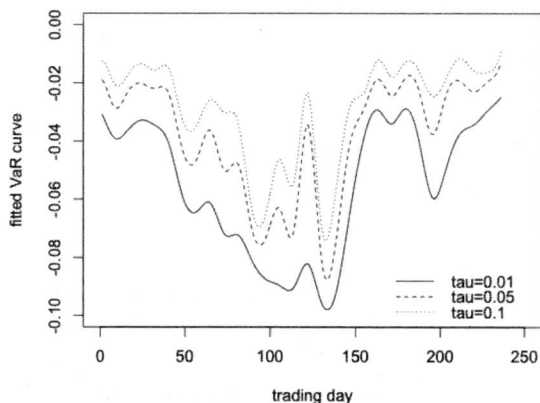

图 5-9　估计的多头头寸 VaR 曲线

图 5-10 描绘了 2015 年多头头寸 VaR 曲线在不同分位数水平的四个主成分函数。代表三种分位数水平的主成分函数之间的差异主要体现在第一主成分函数上，第二、第三和第四主成分的形态比较接近。值得注意的是，在左上角的第一主成分函数图中，分位数值最低的 $\tau = 0.01$ 时的主成分函数与其他两个主成分函数出现过两次相交，而整体形态并非如图 5-8 所示的相对平行的结构。

然后，对模型所估计的 2015 年空头头寸 VaR 曲线如图 5-11 所示。与多头头寸相比，空头头寸的 VaR 曲线没有出现重大的冲击，但在第 175 个交易日至第 200 个交易日出现相对较大的波动。

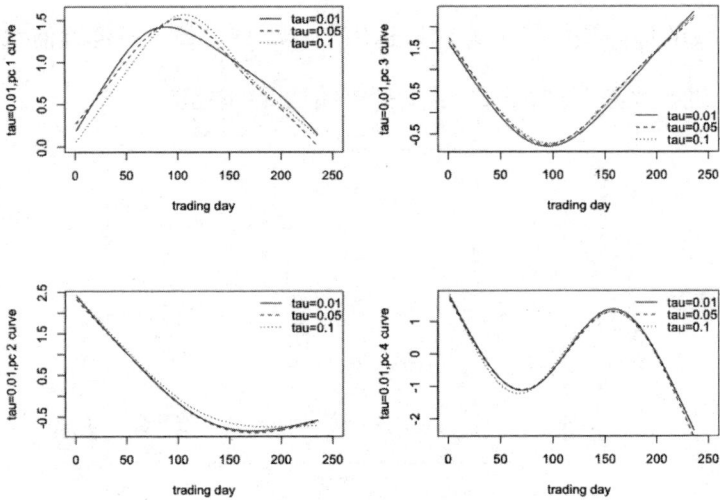

图 5-10 多头头寸 VaR 曲线主成分函数的横向比较（2015 年）

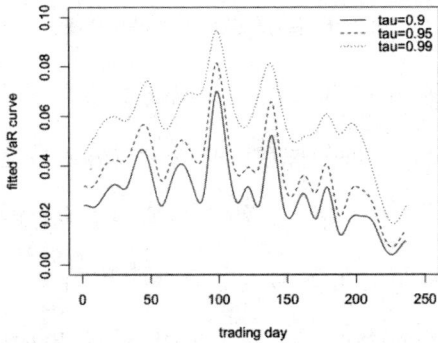

图 5-11 估计的空头头寸 VaR 曲线（2015 年）

同样地，利用函数型主成分分析，对 VaR 曲线的风险因子进行进一步的分析。如图 5-12 结果所示，空头头寸 VaR 曲线的变化也主要由第一主成分函数解释，第二、第三和第四主成分的形态也比较接近。左上角的第一主成分函数图中，分位数值最高的 $\tau = 0.99$ 时的主成分函数与其他两个主成分函数出现过两次相交，而整体形态也并非如图 5-10 所示的相对平行的结构。

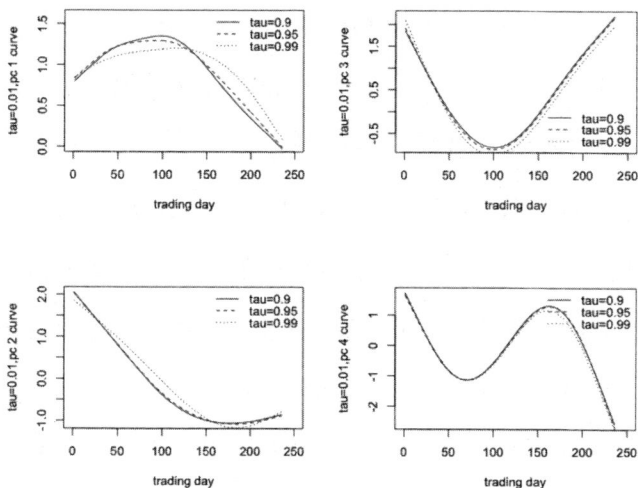

图 5-12   空头头寸 VaR 曲线主成分函数的横向比较（2015 年）

综上，在金融资产实际的风险价值 VaR 中，置信水平较高的 VaR 数值应低于置信水平较低的 VaR 数值（图 5-9），而风险因子揭示的风险主要变动形态说明从风险变动的结构上看，置信水平高的 VaR 数值可能并不能最好地揭示风险。产生这一现象可能的原因是，越靠近资产收益率分布尾部的数据往往属于极端波动的情况，样本量较少，因而在收益率的动态变化过程中，其估计产生的偏误相对于更低置信水平的估计结果更大。因此，在利用 VaR 进行风险测度时，不仅应当关注 VaR 数值的大小，还应当关注其内在的风险结构的变化。利用更为审慎的风险管理原则也应辅以更审慎的风险结构分析。

如前所述，主成分函数在 VaR 曲线的基础上提供了更多关于风险结构性变动的信息。因此，有必要进一步探索风险因子的载荷因子。考虑到第一主成分反应了变动的主要信息，图 5-13 就所有样本股票对第一主成分载荷因子的特征进行分析。图中的横轴为第 i 只股票的代码，纵轴为第 i 只股票对应的第一主成分载荷因子 α_1 的值，虚线表示载荷因子正负符号的分解线。载荷因子 α_1 的符号代表单个股票资产对第一风险因子的反应方向。载荷因子 α_1 的绝对值大小代表反应的程度，绝对值越大表示反应的程度越强烈，也即该风险因子对 VaR 变动的影响程度越大。在所有 48 只样本股票中，无论是多头头寸还是空头头寸，其设定的置信水平越高，则股票的载荷因子相对更为集中，如左上角 $\tau = 0.01$ 与右下角 $\tau = 0.99$ 的载荷因子图，它们分别代表里 99%置信水平下多头头寸和空头头寸的情形。此时，VaR 第一主成分函数载荷因子的绝对值最大，且多头情况下集中于负向反应，空头情况下集中于正向反应。

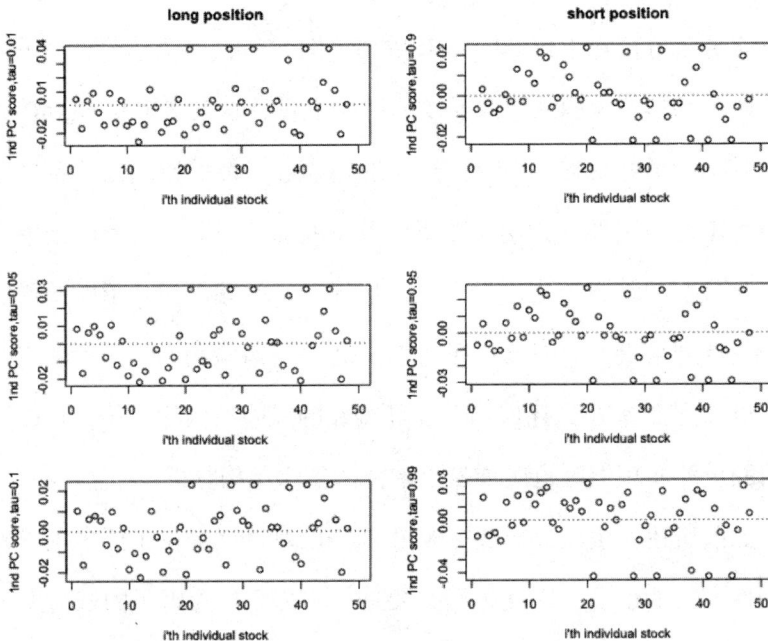

图 5-13　48 只样本股票 VaR 曲线第一主成分函数的载荷因子

5.5　本章小结

本章将分位数回归的方法引入到函数型数据分析的应用中，通过估计金融资产收益率曲线的分位数来计算金融资产的风险价值 VaR，构建了基于函数型数据的金融资产 VaR 以测度风险。

在模型和方法上，将函数型数据分析的方法应用到金融市场的风险价值计算中，拓展了函数型数据的应用领域。利用基于分位数回归的函数型数据分析，提出了基于函数型数据的风险价值的计算方法，拓展了金融市场风险价值的研究视角。在统计方法上，使用了函数型数据的主成分分析及利用非对称最小二乘展开的分位数回归。通过引入分位数和权重矩阵，同时借助资产之间的相关性，对分布的尾部进行了更有效的估计。

在实证分析中，以上证 50 指数成分股的日收益率数据为样本，将成分股票在一段时间内的收益率作为随机曲线，从而转化为函数型数据。运用函数型数据分析的方法对上证 50 指数成分股的日收益率进行分位数回归，计算了各样本股票考虑资产相关性情况下的风险价值。

利用函数型数据的主成分分析，详细考察了 2015 年上证 50 指数风险价值的主要变化趋势和影响其变动主要因素的特征。通过比较多头头寸与空头头寸风险价值的差异和动态变化，为把握金融市场的动态变化提供了实证证据。

第6章　总结与研究展望

6.1　总结

中国金融市场起步较晚，市场还处于迅速发展阶段，尚未成熟。市场的风险与发达国家的成熟市场相比，存在相对独立的特征。不断探索更为丰富的研究视角、研究工具和研究方法来深化对市场运行规律及风险的认识，是一项亟待创新与挑战的任务。

通过综合应用时间序列分析、函数型数据分析、多元分析等知识，对中国股票市场的价格变化特征建立了函数型数据分析的框架。

系统总结了函数型数据分析在金融研究中的若干进展。对函数型分析框架下的金融资产价格收益率变化特征、波动率及风险价值进行了研究。对模型中所使用的应用步骤、算法、估计方法、参数设定等进行了较为详细的讨论。

研究中，采用理论分析和实证研究紧密结合的技术路线，循序渐进的方式，以中国股票市场为研究对象。以函数型数据分析为研究视角，对金融数据收益率特征、波动率、风险测度等金融市场的重要方面进行了探索。尝试将金融市场分析的经典模型与函数型数据分析结合起来，提供更丰富的观察视角、表达方式和分析方法。基于函数型数据分析的框架，提出了对金融数据函数型表达、函数型波动率、函数型风险价值进行讨论的体系和方法。

在实证分析中，使用了较为全面的股票市场数据，既包括高频的日度数据，也包括超高频的日内数据。以中国股票市场为例，详细讨论了中国金融市场的股票收益率变化特征、聚类特征、波动率和风险价值。利用函数型数据分析的可视化结果，分析了股票市场中风险的特征、结构和动态变化，并讨论其在聚类分析和金融风险管理中的作用。

综上，本书将函数型数据分析方法应用到金融市场的分析中，尝试从函数型数据这一新的视角对金融市场的运行规律和特征进行探索，以传统分析方法为基础，提出了进一步讨论或改进的模型。讨论了如何将函数型数据分析方法引入到金融数据分析中，提供了一种新的金融数据分析思路，系统地介绍了函数型数据分析在金融资产价格描述、波动率建模以及风险度量中的应用，对金融资产价格收益率变化特征、波动率及风险测度等问题展开了函数型数据分析框架下研究。

6.2　研究展望

函数型数据分析是一种较新且具有独特数据分析优势的统计方法，将其合理地应用到金融学相关领域研究中将为相关问题的分析提供十分有利的研究工具。

在方法应用方面，本书的分析主要利用了主成分函数的信息，同时对载荷因子进行了数据挖掘，利用代表个体差异信息的载荷因子进行聚类分析。对不同股票的风险特征进行挖掘并建立相应的风险控制策略，是本文未来的一个研究方向。同时，在对多个资产的风险测度进行建模的过程中，可以尝试在多元模型的基础上进行函数型数据分析的拓展，进一步改善模型捕捉和刻画多个资产信息的有效性。此外，函数型数据能够较好地与时间序列分析相结合，因而尝试直接在函数型数据的模型中考虑数据在时间上的相关性是对现有方法进行拓展的一个重要方向。

在实证分析方面，本书仅就股票市场的风险进行了实证分析，而对债券、期货、期权、基金及大宗商品等资产还未作讨论。在数据方面，使用更大规模的样本，如沪深 300 指数可以更好地反映整个市场的情况，有必要对样本进行拓展。探索针对不同金融资产、不同交易背景的金融市场的价格变动、收益特征、风险测度等也将是未来研究的方向。

6.2.1　多元模型与二维函数型模型的研究

对高维大型数据的分析和处理，是金融市场分析发展的重要方向，同时也是一个难点。金融市场迅速发展，金融产品呈现出多元化的趋势，对单一产品进行建模的分析已经无法满足需求。如何进一步探索多元模型，并将其应用于实际问题的分析与解释，既是理论扩展的方向，也是实践提出的要求。

　　函数型数据分析与多元分析均是从多个分析对象的问题引申而出，二者具有天然的共同性和转化优势。同时，利用观察和研究视角的转换，函数型数据分析在高维大型数据的处理中更具有优势。然而，基于函数型数据分析展开的分析面临着许多实际问题和挑战。

　　首先，函数型数据在高维数据中实现有效降维重要的技术手段为利用函数型数据分主成分分析实现。然而，所提取出的函数型主成分只能代表一种集合的信息集合，它虽然准确捕捉了市场变动的主要因素，但无法得知其具体对应的对象，这不利于对于市场现象或经济原理的解释。其次，函数型数据分析视角下，可以更好地利用曲线的性质观测和反映数据的动态变化，但目前的投资决策和风险管理策略往往需要提供某一个时间点的决策，如何将区间内的信息更加准确而有效地转换到时点的决策中，是一项需要进一步深入讨论的问题，目前的分析还没有很好地回答和处理这一问题。此外，当前的函数型分析框架下，将观测对象视为曲线进行分析。在转化为曲线后，可以将其视为对"单维"曲线的分析。事实上，可以进一步对其进行扩展，在观测函数型对象时，同时记录两个维度上的特征，对"二维"曲线进行分析。二维函数型分析必然会提供丰富的分析并在多元分析中具有独特的优势，但其复杂程度也大幅上升，因此，在继续学习和积累的基础上在未来的研究中作进一步的讨论。

6.2.2　混合模型的研究

　　目前文献中的多元模型多使用参数模型的设定，但无论是参数模型还是非参数模型，各自都具有相应的优势和缺点。首先，金融数据的时间序列分析研究成果已经十分丰富，主要的技术和方法得到了研究者们的充分认可，形成了相对成熟的分析框架和技术路线。因此，在考虑将传统的参数模型和函数型模型相结合，保留经典的时间序列分析的基础上，引入函数型数据分析作为进一步分析的工具。

在模型估计上，利用现有模型作为初步的分析并得到基本的结论，利用过滤的方式，在原始数据中剔除这些已获得的信息后，进一步利用函数型数据进行分析。在这样的方式下，不仅可以分离出传统模型捕捉到的特征和传统模型未考虑到的信息，对经济含义或特征尚不明确的部分进行二次分析，还可以利用第二次分析的结果对前一阶段的模型进行逆向的经验校准，寻找出模型估计中来源于参数估计的偏误及来源于模型误设的偏误。此外，利用过滤后的信息进行多元建模，可以更好地提取多元对象之间的共性部分，这对于建立多个对象之间的联系十分重要。

综上，建立传统模型和函数型数据分析的混合模型，是一种新的研究思路和方向。从理论上看，混合模型可以利用参数模型和非参数模型各自的优势，可以提供一种更灵活和更细致的模型；从实证分析中看，混合模型通过分步过滤更加充分地利用了现有的数据信息，一方面，基于传统分析获得的具有较为明确的经济含义，所估计的参数部分有可靠的理论支撑，而函数型的部分则帮助提取了更多传统模型下忽略的特征，为金融市场的现状和运行规律的探索提供更为丰富的观察视角和实证证据。

6.2.3　集成风险模型的研究

在国际国内金融市场波动性增大、金融危机频发的背景下，金融风险管理的重要性更加得以强调。而对风险的准确度量是金融风险管理的关键环节。探索利用新的分析工具与方法来衡量金融市场风险对于更加全面、有效地进行风险管理至关重要。目前为止，本书所讨论的风险测度分析仅针对金融风险中的市场风险，尚没有考虑信用风险、操作风险等金融市场上普遍存在且同样重要的风险。然而，在金融市场的风险系统化的趋势下，各种风险紧密相连、相互作用，其潜在的影响和后果不容忽视。如何合理地对不同类型风险构成的集成风险系统进行考察，是一项意义重大同时富有挑战的课题。

国内已有学者对此展开了初步研究，但尚没有达成共识。函数型数据分析对在数据选取的灵活性和维度变化方面具有相当的优势，考虑如何建立基于函数型数据分析的集成风险模型，也是作者未来的研究方向。

参 考 文 献

[1] 白崑，张世英. 扩展 SV 模型及其在深圳股票市场的应用[J]. 系统工程，2001（6）：21-26.

[2] 蔡井伟，陈萍. 扩散模型即期波动率非参数估计[J]. 统计与决策，2015（2）：15-18.

[3] 常宁，徐国祥. 金融高频数据分析的现状与问题研究[J]. 财经研究，2008（3）：31-39.

[4] 陈毅恒，王海婴. 金融风险管理手册[M]. 李冬昕，郭培俊，译. 北京：机械工业出版社，2016.

[5] 陈浪南. 波动率研究[M]. 北京：中国财政经济出版社，2008.

[6] 陈丽琼. 函数型数据分析方法在股票价格预测上的应用[D]. 厦门：厦门大学，2014.

[7] 陈晓锋，段瑞飞. 基于基函数展开的函数型数据聚类方法[J]. 统计与决策，2009（19）：10-12.

[8] 戴国强，陆蓉，徐龙炳. 度量金融市场风险的 VaR 方法探讨[J].

上海金融高等专科学校学报，2012（1）：9-12.

[9] 方媛. 中国股市波动问题研究——基于随机波动率模型[D]. 武汉：华中科技大学，2010.

[10] 樊智，张世英. 多元 GARCH 建模及其在中国股市分析中的应用[J]. 管理科学学报，2003（6）：68-73.

[11] 房振明，王春峰，付臣余. 基于高频数据的股指风险价值预测[J]. 统计与决策，2007（9）：89-91.

[12] 郭均鹏，孙钦堂，李汶华. Shibor 市场中各期限利率波动模式分析：基于 FPCA 方法[J]. 系统工程，2012（12）：84-88.

[13] 胡梦荻. 基于函数型数据的波动率研究[D]. 厦门：厦门大学，2014.

[14] 胡宇. 函数型数据分析方法研究及其应用[D]. 长春：东北师范大学，2011.

[15] 黄恒君. 基于函数型主成分的收入分布变迁特征探索[J]. 统计与决策，2013（20）：24-26.

[16] 黄后川，陈浪南. 中国股票市场波动率的高频估计与特性分析[J]. 经济研究，2003（2）：75-82.

[17] 剡亮亮. 基于函数型视角的经济数据分析——以主微分分析方法为例[J]. 统计与信息论坛，2013（1）：40-46.

[18] 靳刘蕊. 函数性数据分析方法及应用研究[D]. 厦门：厦门大学，2008.

[19] 靳刘蕊. 函数性主成分分析的思想、方法和应用[J]. 统计与决策,
2010（1）: 15-18.

[20] 金成晓,曹阳. 基于非参数 ARCH 模型的沪深指数波动性研究[J].
山西大学学报, 2014（3）: 62-67.

[21] 李汶华,郭均鹏. 区间主成分分析方法的比较[J]. 系统管理学报,
2008（1）: 94-98.

[22] 林宇，卫贵武，魏宇，谭斌. 基于 Skew-t-FIAPARCH 的金融市
场动态风险 VaR 测度研究[J]. 中国管理科学, 2009（17）: 17-24.

[23] 刘晓倩. 金融风险度量的时间序列模型的统计分析及其应用[D].
上海: 上海财经大学, 2014.

[24] 毛娟. 隐含波动率的函数型数据分析[D]. 武汉: 武汉理工大学,
2008.

[25] 米子川,赵丽琴. 函数型数据分析的研究进展和技术框架[J]. 统
计与信息论坛, 2012（6）: 13-20.

[26] 曲爱丽. 基于函数型数据分析的沪深权证市场研究——以蝶式
权证为例[D]. 厦门大学, 2009.

[27] 曲爱丽,朱建平. 函数型数据的共同主成分分析探究及展望[J].
统计与信息论坛, 2009（24）: 19-23.

[28] 任思源. 国内股票收益率波动建模：基于函数数据建模的实证分
析[D]. 成都: 西南财经大学, 2013.

[29] 宋逢明, 江婕. 波动率度量模型研究的回顾与展望[J]. 财经论丛, 2005（6）: 1-5.

[30] 孙琨. 基于半参数的金融市场风险测度法研究[J]. 时代金融, 2014（26）: 51-53.

[31] 苏为华, 孙利荣. 一种基于函数数据的综合评价方法研究[J]. 统计研究, 2013（2）: 88-94.

[32] 唐勇, 刘峰涛. 金融市场波动测量方法新进展[J]. 华南农业大学学报（社会科学版）, 2005（1）: 48-54.

[33] 田和鹭. 基于函数型数据分析的恒生指数期权研究[C]. 决策论坛——公共管理决策案例与镜鉴研讨会文集, 2015: 45-47.

[34] 王诚. 基于函数型数据分析的证券投资收益研究[D]. 北京: 首都经济贸易大学, 2014.

[35] 王春峰. 金融市场风险管理[M]. 天津: 天津大学出版社, 2001.

[36] 王春峰, 庄泓刚, 房振明等. 长记忆随机波动模型的估计与波动率预测——基于中国股市高频数据的研究[J]. 系统工程, 2008（7）: 29-34.

[37] 王新宇. 金融市场风险的测度方法与实证研究[M]. 北京: 经济管理出版社, 2008.

[38] 王劼, 黄可飞. 一种函数型数据的聚类分析方法[J]. 数理统计与管理, 2009（28）: 839-844.

[39] 王宗润. 金融风险测度与集成研究——基于 Copula 理论与方法 [M]. 北京：科学出版社，2014.

[40] 魏宇,余怒涛. 中国股票市场的波动率预测模型及其 SPA 检验[J]. 金融研究，2007（7）：138-150.

[41] 魏宇. 有偏胖尾分布下的金融市场风险测度方法[J]. 系统管理学 报，2007（3）：243-250.

[42] 魏宇. 股票市场的极值风险测度及后验分析研究[J]. 管理科学学 报，2008（11）：78-88.

[43] 魏宇，温晓倩，赖晓东. 金融市场风险测度方法研究评述[J]. 中 国地质大学学报·社会科学版，2010（4）：112-118.

[44] 西村友作. 基于高频数据的中国股市波动率研究[M]. 北京：对外 经济贸易大学出版社，2014.

[45] Ruey S.Tsay. 金融时间序列分析[M]. 3 版. 北京：人民邮电出版 社，2009.

[46] 肖建勇. VaR 视角下金融市场风险测度统计研究[J]. 时代金融， 2012（30）：132-140.

[47] 谢尚宇，姚宏伟，周勇. 基于ARCH-Expectile 方法的 VaR 和 ES 尾部风险测量[J]. 中国管理科学，2014（9）：1-9.

[48] 徐佳. 函数型数据分析及其在证券投资中的应用[D]. 杭州：浙江 大学，2008.

[49] 严明义. 函数性数据的统计分析[J]. 统计研究，2007（2）：87-94.

[50] 严明义. 经济数据分析：一种基于数据的函数性视角的分析方法[J]. 当代经济科学，2007（1）：108-113.

[51] 严明义. 生活质量的综合评价：基于数据函数性特征的方法[J]. 统计与信息论坛，2007（2）：13-17.

[52] 严明义. 网上拍卖中竞买者出价数据的特征及分析方法研究[J]. 统计与信息论坛，2008（9）：17-22.

[53] 严明义，杜鹏. 中国消费价格指数季节变动的函数型数据分析[J]. 统计与信息论坛，2010（8）：100-106.

[54] 杨睿，张爱华. 基于函数型数据分析的电信新产品扩散预测[J]. 通信企业管理，2011（7）：80-81.

[55] 余素红，张世英. SV 与 GARCH 模型对金融时间序列刻画能力的比较研究[J]. 系统工程，2002（5）：28-33.

[56] 岳敏，朱建平. 基于函数型主成分的中国股市波动研究[J]. 统计与信息论坛，2009（3）：52-56.

[57] 张蕾蕾. 基于函数型数据分析的期货价格曲线形态识别[D]. 广州：华南理工大学，2014.

[58] 邵锡栋，殷炼乾. 基于实现极差和实现波动率的中国金融市场风险测度研究[J]. 金融研究，2008（6）：109-121.

[59] 邵锡栋，连玉君，黄性芳. 交易间隔、超高频波动率与 VaR——

利用日内信息预测金融市场风险[J]. 统计研究, 2009（1）: 96-102.

[60] 赵建昕，任培民，赵树然. 金融高频数据的风险价值研究[J]. 山西大学学报（自然科学版），2008（3）: 410-413.

[61] 周杰，刘三阳，邵锡栋. 基于样本分位数的波动率估计：条件自回归拟极差模型[J]. 南开经济研究，2007（5）: 133-143.

[62] 朱建平，王桂名. 函数数据聚类及其在金融时序分析中的应用[J]. 统计与决策，2010（9）: 149-152.

[63] Abad, P. ,Benito, S. A detailed comparison of value at risk estimates [J]. Mathematics and Computers in Simulation, 2013(94): 258-276.

[64] Abad, P., Benito, S., Carmen López. A comprehensive review of Value at Risk methodologies[J]. The Spanish Review of Financial Economics, 2014 (12): 15–32.

[65] Aguilera, A.M., Ocana, F. A., Valderrama M J. Forecasting with unequally spaced data by a functional principal component approach[J]. Test, 1999 (8): 233-253.

[66] Aguilera, A M, Ocana F A, Valderrama M J. Forecasting time series by functional PCA: discussion of several weighted approaches [J]. Computational Statistics, 1999 (14): 443-467.

[67] Andersson, J., Newbold, P. Modeling the distribution of financial retums by functional data analysis[J]. Institutionen För Informationsvetenskap,

Research report, 2002 (4): 1403-7572.

[68] Andersen, T.G., Bollerslev, T. Intraday periodicity and volatility persistence in financial markets[J]. Journal of Empirical Finance, 1997 (4): 115–158.

[69] Andersen, T.G., Bollerslev, T. Answering the Skeptics: Yes, Standard Volatility Models Do Provide Accurate Forecasts[J]. International Economic Review, 1998 (4): 885-905.

[70] Andersen, T.G., Bollerslev, T., Dieboid, F. Modeling and forecasting realized volatility[J], Econometrica, 2003 (2): 579-625.

[71] Aït-Sahalia, Y. Nonparametric pricing of interest rate derivative securities[J]. Econometrica, 1996 (64): 527–560.

[72] Aït-Sahalia, Y., Mykland, P.A. The effects of random and discrete sampling when estimating continuous-time diffusions[J]. Econometrica, 2003 (71): 483–549.

[73] Aït-Sahalia, Y., Mykland, P.A., Zhang, L. How often to sample a continuous time process in the presence of market microstructure noise[J]. Review of Financial Studies, 2005 (18): 351–416.

[74] Aït-Sahalia, Y., Mykland, P.A., Zhang, L. Ultra high frequency volatility estimation with dependent microstructure noise[J]. Journal of Econometrics, 2011 (160): 190–203.

[75] Areal, N .M., Taylor, S .J. The realized volatility of FTSE-100 futures prices[J]. Journal of Futures Markets, 2002 (7): 627-648.

[76] Audrino, F. Local likelihood for nonparametric ARCH(1)models[J]. Journal of Time Series Analysis, 2005 (26): 251-278.

[77] Audrino, F., Anduhlmann P B. Splines for financial volatility[J]. Journal of Royal Statistical Society B, 2009 (71): 655-670.

[78] Bandi, F., Renò, R. Nonparametric stochastic volatility[J]. Working Paper, 2008.

[79] Baillie, R., Bollerslev, T. Intra-day and Inter-market Volatility[J]. Review of Economic Studies, 1990 (3): 565-585.

[80] Barndorff-Nielsen, O.E., Shephard N. Econometric analysis of realized covariation: High frequency based covariance, regression, and correlation in financial economics[J]. Econometrica, 2004 (3): 885-925.

[81] Barndorff-Nielsen, O.E. Econometric analysis of realized volatility and its use in estimating stochastic volatility models[J]. Journal of the Royal Statistical Society: Series B Statistical Methodology, 2002 (2): 253-280.

[82] Barone-Adesi, G., Giannopoulos, K., Vosper, L. VaR without correlations fornonlinear portfolios[J]. Journal of Futures Markets, 1999 (19): 583–602.

[83] Bassett, Gilbert,Hsiu-Lang Chen. Portifolio Style: Return based attribution using regression quantiles[J].Empirical Econimics, 2001 (26): 293-305.

[84] Berrendero, J.R. Principal components for multivariate functional data[J]. Computational Statistics and Data Analysis, 2011: 2619-2634.

[85] Blair, B.J., Poon, S.H. Tarlor, S.J. Forecasting S&P 100 volatility: The incremental information content of implied volatilities and high frequency index returns[J]. Journal of Econometrics, 2001 (105): 5-26.

[86] Bliss, R., Panigirtzoglou, N. Testing the stability of implied Probability density functions[J]. Joumal of Banking and Finance, 2002 (26): 381-422.

[87] Bollerslev, T. A conditionally heteroskedastic time series model for speculative prices and rates of return[J]. Review of Economics and Statistics, 1987 (69): 542–547.

[88] Bollerslev, T. Financial econometrics: past developments and future [J]. Journal of Econometrics, 2001 (1): 41-51.

[89] Bosq, D. Linear process in function space[M]. Lecture notes in statistics, Springer, Berlin, 1991.

[90] Bosq, D. Modelization,nonparametric estimation and prediction for continuous Time proeesses[J]. NataAsiC, 2000 (335): 509-529.

[91] Breiman, L., Friedman J. H. Estimating optimal transformations for multiple regression and correlation[J]. Journal of American Statistical Association, 1985 (80): 580-583.

[92] Buhlmann, P., McNeil, A. J. An algorithm for nonparametric GARCH modelling[J]. Computational Statistics and Data Analysis, 2002 (40): 665-683.

[93] Cardot, H., Crambes C., Kneip A., Sarda P. Smothing spline estimators in functional linear regression with errors in variables[J]. Computational Statistics and Data Analysis, 2006 (10): 4832-4848.

[94] Chen, Z. Conditional L^p quantiles and their applications to the testing of symmetry in non-parametric regression[J]. Statistics and Probability Letters, 1996 (29): 107-115.

[95] Chernozhukov,V.,L.Umantsev. Conditional Value-at-risk:aspects of modling and estimation[J].Empirical Econimics, 2001 (26): 271-292.

[96] Craven, P., Wahba, G. Smoothing Noisy Data with Spline Functions: Estimating the correct Degree of Smoothing by the Method of Generalized Cross-Validation[J]. Numerische Mathematik, 1979 (31): 377-403.

[97] Diggle ,P.J., Liang, K.Y., Zegor, S.L. Analysis of longitudinal data[M]. NewYork: Oxford University Press, 1994.

[98] Dacorogna, M.M., Muller, U.A., Nagler, R.J., Olsen, R.N., Pictet, O.V. A geographical model for the daily and weekly seasonal volatility in the FX market[J]. Journal of International Money and Finance, 1993 (12): 413-438.

[99] Eddie K. H. Consistent Functional PCA for Financial time series[J]. Financial Engineering and Applications, 2007: 103-108.

[100] Engle, R.F., Manganelli, S. Conditional Autoregressive Value at Risk by regression quantiles[J]. Journal of Business and Economic Statistics, 2004 (4): 367-381.

[101] Engle, R.F., Rangel, J.G. The spline-garch model for lowfrequency volatility and its global macroeconomic causes[J]. The Review of Financial Studies, 2008 (21): 1187-1222.

[102] Fan, J., Yao. Q. Efficient estimation of conditional variance functions in stochastic regression[J]. Biometrika, 1998 (85): 645-660.

[103] Fan, J., Yao, Q. Nonlinear Time Series: Nonparametric and Parametric Methods. Springer, 2003.

[104] Fan, J. A selective overview of nonparametric methods in financial econometrics with discussion[J]. Statistical Science, 2005 (20), 317–

357.

[105] Fan, J., Jiang, J., Zhang, C., Zhou, Z. Time-dependent diffusion models for term structure dynamics[J]. Statistica Sinica, 2003 (13): 965–992.

[106] Fan, J., Wang, Y. Multiscale jump and volatility analysis for high-frequency financial data[J]. Journal of American Statistical Association, 2007 (102): 1349–1362.

[107] Fan, J., Gijbels,I. Variable bandwidth and local linear regression smoother[J]. Annals of Statistics, 2008 (20): 2008-2036.

[108] Fan, J., Wang, Y. Spot volatility estimation for high-frequency data[J]. Statistics and Its Interface, 2008 (1): 279–288.

[109] Fearhal Kearney,Finbarr Muephy,Mark Cummins. An analysis of implied volatility jump dynamics:novel functional data presentation in crude oil markets, North American Journal of Economics and Finance, 2015 (33): 199-216.

[110] Fengler, M.R. Semi-parametric modeling of implied Volatility [C]. Leeture Notes in Finance, SPringer-Veriag, Berlin, Heidelberg, 2005.

[111] Fengler, M.R., Hardle, W., Villa, C. The dynamies of implied volatilities: Aeonunon Prineiple components approach[J]. Review of Derivatives Researeh, 2003 (6): 178- 202.

[112] Ferraty, V. Nonparametric functional data analysis: theory and practice [M]. NewYork: Springer Series in Statistics. Springer, 2006.

[113] Flury, B. Common principal components and relate models [M]. NewYork: Wiley, 1998.

[114] Foster, D., Nelson, D. Continuous record asymptotics for rolling sample variance estimators[J]. Econometrica, 1996 (64): 139–174.

[115] Gao, R. Three Essays on Volatility Measurement and Modeling with Price Limits: A Bayesian Approach[D]. Queens University, 2014.

[116] Gasser, T., Kneip, A. Searching for structure in curve samples [J]. Journal of the American Statistical Association, 1995 (90): 1179-1188.

[117] Giot, P., Laurent, S. Modelling daily Value-at-Risk using realized volatility and ARCH type models[J]. Journal of Empirical Finance, 2004 (3): 379-398.

[118] Guo M., Zhou L., Huang Z. J, Härdle W. Functional data analysis of generalized regression quantiles[J]. Stat Comput, 2015 (25): 189-202.

[119] Han, H., Zhang, S. Nonstationary nonparametric volatility model[J]. Econometric Journal, 2007 (10): 1-23.

[120] Härdle W., A. Tsybakov. Local polynomial estimators of the volatility

function in nonparametric autoregression[J]. Journal of Econometrics, 1997 (8): 233-242.

[121] Harris.L. A Transactions Data Study of weekly and intradaily patterns in sock retruns [J]. Journal of Finance Economics, 1986 (16): 99-117.

[122] Hartigan, J. A. Clustering Algorithms[M]. New York: Wiley, 1975.

[123] Hastie, T., Tibshirani, R., Friedman, J. The elements of statictical learning, Second Edition[M]. New York: Springer, 2009.

[124] Holton, Glyn. Value-At-Risk: Theory and Practice, Second Edition [M]. Chapman and Hall/CRC, 2009: 1.

[125] Huang Y. and Lin B. Value-at-Risk Analysis for Taiwan Stock Index Futures: Fat Tails and Conditional Asymmetries in Return Innovations. Review of Quantitative Finance and Accounting, 2004 (22): 79-95.

[126] Ingrassia S, Costanzo G.D. In studies in classification , data analysis, and knowledge organization [C].Studies in Classification, Data Analysis, and Know ledge Organization Ed. Eds.;Berlin: Springer Berlin Heidelberg , 2005: 351 -358.

[127] Ingrassia S, Costanzo, G.D. Functional principal component analysis of financial time series [J]. Journal of Statistical Planning and

Inference, 2009 (7): 2388–2398.

[128] James, G. M., Hastie, T. J., Sugar, C. A. Principal component models for sparse functional data[J]. Biometrika, 2000 (87): 587-602.

[129] Jorion, P. Value at Risk: The new benchmark for managing financial risk（3rd ed.）[M]. McGraw-Hill, 2006.

[130] Kenedy Alva, Juan Romo, Esther Ruiz. Modeling intra-daily volatility by functional data analysis: an empirical application to the Spanish stock market. Statistics and Econometrics Series 09 ,Working paper 09-28, 2009.

[131] Kim W., Linton O. B. The LIVE method for generalized additive volatility models[J].Econometric Theory, 2004 (20): 1094-1139.

[132] Koenker R. Quantile Regression[M]. Cambridge University Press, 2005.

[133] Kristensen, D. Nonparametric filtering of the realized spot volatility: a kernel based approach[J]. Econometric Theory, 2010 (26): 60–93.

[134] Kuan C., Yeh J., Hsu.Y. Asymmetric value at risk with CARE, the conditional autoregressive expectile models[J]. Journal of Econometrics, 2009 (150): 261-270.

[135] Kupiec P.H. Techniques for verifying the accuracy of risk measurement models[J]. Journal of Derivatives, 1995 (2): 73-84.

[136] Laukaitis A., Rakauskas A. Funetional data analysis of payment systems [J]. Nonlinear Analysis: Modelling and Control, 2002 (7): 53-68.

[137] Lee, S., Zhang W., Song X. Estimating the covariance function with functional data[J]. British Journal of Mathematical and Statistical Psychology, 2002 (55): 247-261.

[138] Linton, B., Mamme, E. Estimating semiparametric ARCH (1) models by kernel smoothing methods[J]. Econometrica, 2005 (73): 771-836.

[139] Linton, B. Semiparametric and nonparametric ARCH modeling, in Handbook of Financial Time Series, Anderson et al. Springer-Verlag, Berlin, 2009.

[140] Linton, B., Yan, Y. Semi- and nonparametric ARCH process [J]. Journal of Probability and Statistics, 2011 (10): 1-17.

[141] MacQueen, J. B. Some methods for classication and analysis of multivariate observations[R]. Proceedings of 5-th Berkeley Symposium on Mathematical Statistics and Probability, University of California Press, 1967 (1): 281-297.

[142] Malfait, N., Ramsay, J.O. The historical functional linear model[J]. Canadian Journal of Statistics, 2003 (31): 115–128.

[143] Malliavin, P., Mancino, M. A Fourier transform method for

non-parametric estimation of volatility[J]. Annals of Statistics, 2009 (37): 1983–2010.

[144] Mancino, M., Sanfelici, S. Robustness of Fourier estimator of integrated volatility in the presence of microstructure noise[J]. Computational Statistics and Data Analysis, 2008 (52): 2966–2989.

[145] Mante, C., Yao, A.F., Degiovanni C. Principal component analysis of measure with special emphasis on grainsize curves[J]. Computational Statistics and data Analysis, 2006 (10): 4969-4983.

[146] Manteiga W.G., Philippe Vieu. Statistics for functional data[J]. Computational Statistics and Data Analysis, 2007 (10): 4788-4792.

[147] Mariano, J., Valderrama. An overview to modelling functional data [J]. Computational Statistics, 2007 (3): 331-334.

[148] Matzner-Lober, E., Villa, C. Functional principal component analysis of yield curve. Working paper, 2004.

[149] McAleer, M., Jiménez-Martin, J., Pérez-Amaral, T. A decision rule to minimize daily capital charges in forecasting value-at-risk[J]. Journal of Forecasting, 2010 (29): 617–634.

[150] Mei-Yuan Chen, Jau-Er Chen. Application of quantile regression to estimation of Value-at-Risk.http://www.gloriamundi.org, 2002.

[151] Miao, H. Potential applications of function data analysis in high-

frequency financial research[J]. Journal of Business and Financial Affairs, 2013 (1): 125-132.

[152] Müller, H.G., Stadtmuller. U. On variance function estimation with quadratic form[J]. Journal of Statistical Palnning and Inference, 1993 (35): 213-231.

[153] Müller, H.G., Stadtmtiller, U. Generalized functional linear models [J].The Annals of Statisties, 2005 (33): 774-805.

[154] Müller, H.G., Stadtmüller, U., Yao, F. Functional variance processes [J]. Journal of American Statistical Association, 2006 (101): 1007-1018.

[155] Müller , H.G., Sen, R, Stadtmuller, U. Functional data analysis for volatility [J]. Journal of Econometrics, 2011 (2): 233-245.

[156] Morgan, J.P. RiskMetrics technical document. Fourth Edition[M]. New York, 1996.

[157] Nelder, J., Mead, R. A simplex method for function minimization [J]. Comput., 1965 (7): 308-313.

[158] Newey, W., Powell, J. Asymmetric least squares estimation and testing[J]. Econometrica, 1987 (55): 819-847.

[159] Ogawa, S., Sanfelici, S. An improved two-step regularization scheme for spot volatility estimation. Working paper, 2008.

[160] Oomen, R.C.A. Using high frequency stock market index data to calculate, model&forecast realized return variance, EUI Working paper, ECO 2001/6.

[161] Pearson, K. On lines and planes of Closest fit to systems of points in space[J]. Philosophieal Magazine, 1901 (2): 559-572.

[162] Peng, J., Paul, D. A geometric approach to maximum likelihood estimation of the functional principal components from sparse longitudinal data[J]. Journal of Computational and Graphical Statistics, 2009 (4): 995-1015.

[163] Ramsay, J O. When the data are functions[J]. Psychometrika, 1982 (4): 379-396.

[164] Ramsay, J.O., Dalzell, C.J. Some Tools for Functional Data Analysis [J]. Journal of the Royal Statistical Society.Series B (Mthodological), 1991 (3): 539-572.

[165] Ramsay, J.O., Silverman, B.W. Functional data analysis [M]. Springer, 1997.

[166] Ramsay, J.O., Li, X. Curve registration[J]. Journal of the Royal Statistical Society, 1998 (2): 351-363.

[167] Ramsay, J.O., Silverman, B.W. Functional data analysis[J]. International Encyclopedia of the Social and Behavioral Sciences, ElseviewScience

Ltd. 2001: 5822-5828.

[168] Ramsay, J.O., Ramsey, J.B. Functional data analysis of the dynamics of the monthly index of non-durable goods production[J]. Journal of Econometrics, 2001 (107): 327–344.

[169] Ramsay, J.O., Silverman, B.W. Applied Functional Data Analysis: Methods and Case Studies[M]. New York: Springer-Verlag, 2002.

[170] Ramsay, J.O., Silverman, B.W. Functional Data Analysis[M]. 2nd edition. New York: Springer-Verlag, 2005.

[171] Ramsay, J.O., Hooker, G., Graves, S. Functional Data Analysis with R and MATLAB[M]. Springer Science, 2009.

[172] Rice, J.A. Functional and longitudinal data analysis: perspecptives on smoothing[J]. Statistiea Siniea, 2004 (14): 613-629.

[173] Rice, J.A., Silverman, B.W. Estiamting the mean and covariance structure nonparametrieally when the data are curves[J]. Journal of the Royal Statistical SocietyB, 1991 (53): 233-243.

[174] Rice, J.A., Wu, C. Nonparametric mixed effects models for unequally sampled noisy curvcs[J].Biometries, 2001 (57): 253-259.

[175] Ruiz, M., Salmern, R., Angulo, J. Kalman filtering from POP-based diagonalization of ARH（1）[J]. Computational Statisties and Data Analysis, 2007 (51): 4994-5008.

[176] Renò, R. Nonparametric estimation of the diffusion coefficient of stochastic volatility models[J]. Econometric Theory, 2008 (24): 1174-1206.

[177] Schnabel, S. Eilers, P. Optimal expectile smoothing[J]. Comput. Stat. Data Anal, 2009 (53): 4168-4177.

[178] Shang, H. L. A survey of functional principal component analysis（Working Paper06/11）, Department of Econometrics and Business Statistics, Monash University, 2011.

[179] Silverman, B.W. Incorporating parametric effects into functional principal components analysis[J]. Journal of the Royal Statistical Society,Series B, 1995 (57): 673-689.

[180] Silverman, B.W. Smoothed functional principal components analysis by choice of norm[J]. Annals of Statistics, 1996 (24): 1-24.

[181] Stock, J H, Watson, M. W. Testing for common trends [J]. Journal of the American statistical Association, 1988 (83): 1097-1107.

[182] Speight, A.E.H., McMillan, D.C., Gwilym, O.A.P. Intra-day volatility components in FTSE-100 stock index futures[J]. Journal of Futures Markets, 2000 (20): 425–444.

[183] Su L., Ullah A., S. Mishra. Nonparametric and semiparametric volatility models: specication, estimation, and testing. Working Paper, 2011.

[184] Tucker, L.R. Determination of parameters of a functional relationship by factor analysis[M]. Psychometrika, 1958.

[185] Wang, L., Feng, C., Song, Q., Yang, L. Efficient semiparametric garch modeling of financial volatility[J]. Statistical Sinica, 2012 (22): 249-270.

[186] Wang, S. Explaining and forecasting online auction prices and their dynamics using functional data analysis[J]. Journal of Business and Economic Statistics, 2008 (24): 144-161.

[187] Wang, Z., Sun, Y., LI, P. functional principal components analysis of Shanghai Stock Exchange 50 Index[J]. Discrete Dynamics in Nature and Society, 2014 (3): 1-7.

[188] Wood, R.A., McInish, T.H., Ord., J.K. An investigation of transaction data for NYSE stocks[J]. Journal of Finance, 1985 (25): 723-738.

[189] Yao, F., Müller, H.G., Wang, J.L. Functional data analysis for sparse longitudinal data[J]. Journal of the American Statistics Association, 2005 (100): 577-590.

[190] Yao, F., Müller, H.G., Wang, J.L. Functional linear regression analysis for longitudinal data[J]. Annals of Statistics, 2005 (33): 2873-2903.

[191] Yang, L., Hardle, W., Nielsen, J.P. Nonparametric autoregre- ssion with multiplicative volatility and additive mean[J]. Journal of Time

Series Analysis, 1999 (20): 579-542.

[192] Zhang, L., Mykland, P., Aït-Sahalia, Y. A tale of two time scales: determining integrated volatility with noisy high- frequency data[J]. Journal of American Statistical Association, 2005 (100): 1394–1411.

[193] Zhou, L., Huang, J.Z., Carroll, R. Joint Modeling of paired sparse functional data using principle components[J]. Biometrika, 2008 (95): 601-619.

[194] Ziegelmann, F. Nonparametric estimation of volatility functions: the local exponential estimator[J]. Econometric Theory, 2002 (18): 985-991.

附　录

股票编号、股票代码与股票名称对照表

股票编号	证券代码	证券简称	股票编号	证券代码	证券简称
1	600000.SH	浦发银行	25	601166.SH	兴业银行
2	600016.SH	民生银行	26	601169.SH	北京银行
3	600028.SH	中国石化	27	601186.SH	中国铁建
4	600029.SH	南方航空	28	601198.SH	东兴证券
5	600030.SH	中信证券	29	601211.SH	国泰君安
6	600036.SH	招商银行	30	601288.SH	农业银行
7	600048.SH	保利地产	31	601318.SH	中国平安
8	600050.SH	中国联通	32	601328.SH	交通银行
9	600100.SH	同方股份	33	601336.SH	新华保险
10	600104.SH	上汽集团	34	601377.SH	兴业证券
11	600109.SH	国金证券	35	601390.SH	中国中铁
12	600111.SH	北方稀土	36	601398.SH	工商银行
13	600485.SH	信威集团	37	601601.SH	中国太保
14	600518.SH	康美药业	38	601628.SH	中国人寿
15	600519.SH	贵州茅台	39	601668.SH	中国建筑
16	600547.SH	山东黄金	40	601688.SH	华泰证券
17	600637.SH	东方明珠	41	601766.SH	中国中车
18	600837.SH	海通证券	42	601788.SH	光大证券
19	600887.SH	伊利股份	43	601800.SH	中国交建

函数型数据分析的金融应用与实证分析

续表

股票编号	证券代码	证券简称	股票编号	证券代码	证券简称
20	600893.SH	中航动力	44	601818.SH	光大银行
21	600958.SH	东方证券	45	601857.SH	中国石油
22	600999.SH	招商证券	46	601901.SH	方正证券
23	601006.SH	大秦铁路	47	601988.SH	中国银行
24	601088.SH	中国神华	48	601998.SH	中信银行

后　记

　　随着我国金融市场的发展，金融产品日渐丰富，市场风险愈加复杂，不断丰富研究工具、探索新的方法和视角十分必要。在新信息环境下，金融数据呈现出高维大型的特征，传统分析方法在应用过程中面临着挑战。与之伴生的，有大量研究思路、方法和工具相互碰撞与融合，将它们应用到相关的研究中既是在进行具有创新性的尝试和探索，也是行走在充满挑战和困难的路上。

　　本书的出版源自作者博士和博士后期间的研究工作，以博士论文《中国金融市场风险测度研究——基于函数型数据分析的视角》为基础创作而成。函数型数据分析是一项强大而富有挑战性的分析工具，限于作者的水平与能力，本书仅对相关的研究作了初步的探索，还有许多问题需要深入探讨研究，希望在将来的研究工作中能够继续前行，勇敢向前做进一步的探索和尝试。

　　书稿的完成得到了很多人的支持与帮助。感谢我的博士导师，西南财经大学经济与管理研究院郭萌萌副教授，是她引领我进入函数型数据分析的研究领域，进而又鼓励和支持我对金融市场的相关问题进行研究。感谢父母多年来对我学业的关心、鼓励与支持，感谢我的爱人王清渊先生在精神上和生活上给予我无微不至的关怀与支持。

特别感谢深圳大学经济学院郑尊信教授，在深圳大学从事博士后研究期间，郑教授为我的论文写作和学术研究提供了高屋建瓴的指导，提供了重要的研究思路以及很多关键而巧妙的建议和观点。同时，郑教授对我的生活也给予莫大的关怀、鼓励与支持。

感谢出版过程中付出辛勤劳动的工作人员，你们耐心细致的工作让本书得以最终顺利完成。

感谢所有未能提及的关心和帮助我的人。

隋钰冰

2017 年于深圳